CLÁ
CAS'

LA VOZ
A TI DEBIDA

RAZÓN
DE AMOR

PEDRO SALINAS

LA VOZ
A TI DEBIDA

RAZÓN
DE AMOR

EDICIÓN, INTRODUCCIÓN Y NOTAS DE
J. GONZÁLEZ MUELA

SEXTA EDICIÓN

**CLÁSICOS
CASTALIA**

COLECCIÓN DIRIGIDA POR
PABLO JAURALDE POU

CASTALIA
EDICIONES es un sello propiedad de **edhasa**

Avda. Diagonal, 519-521
08029 Barcelona
Tel. 93 494 97 20
E-mail: info@edhasa.es

Consulte nuestra página web:
http://www.castalia.es
http://www.edhasa.es

Edición original en Castalia: 1969
Primera edición: septiembre de 2010
Primera edición, segunda reimpresión: enero de 2016

© de la edición: J. González Muela, 1989
© *La voz a ti debida. Razón de amor:* herederos de Pedro Salinas

Ilustración de cubierta: José Moreno Villa: *Dos figuras* (1928, detalle)
Diseño gráfico: RQ

ISBN 978-84-9740-340-5
Depósito Legal: M. 48844-2010

Impreso en Encuadernaciones Huertas
Impreso en España

SUMARIO

INTRODUCCIÓN

BIOGRÁFICA Y CRÍTICA

A Jorge Guillén

L A Editorial Castalia ha tomado la valiente decisión de alistar a Pedro Salinas en las filas de los "clásicos". "En realidad los clásicos son los escogidos por el sufragio implícito de las generaciones y los siglos, por tribunales que nadie nombra ni a nadie obligan, en verdad, pero cuya autoridad, por venir de tan lejos y de tan arriba, se acata gustosamente. Son centenares de hombres, en miles de años, los autores de esas listas, ni escritas, ni numéricamente cerradas, las listas de la viva e iluminada tradición, liberales, abiertas a todos; y que hoy celebrarán la entrada en su seno de aquel artista o ese pensador que ayer fue perseguido o negado, por tildársele de extraviado, de rebelde, de incapaz de sacramento de clásico".

Sin duda, Salinas no estaba pensando en sí mismo cuando escribió estas palabras en su ensayo "Defensa de la lectura", de *El defensor*. Si no han pasado centenares de años, ni han opinado millares de individuos, los años pasarán y los individuos opinarán. Salinas es un clásico. Y nos abruma la responsabilidad de lanzarle. Pensamos en el Brocense, pensamos en Herrera, comentando a Garcilaso. Nosotros ni siquiera llegamos a tratar a nuestro poeta; sólo lo vimos, sin saber que era un "clásico", por los pasillos de la Facultad de Filosofía y Letras de la Universidad de Madrid antes de 1936.

Conocemos a muchos amigos de Salinas que viven en España, en Estados Unidos, en la isla de Puerto Rico. Incluso él mismo fue profesor visitante en Bryn Mawr College, donde enseñamos nosotros ahora y donde muchas personas le recuerdan. Pero no podemos escribir todavía esa magnífica biografía para la que no nos faltarían datos. Éste es un clásico todavía demasiado vivo. Esperemos que no se pierda el sabor y el gusto que dejó su vida, su persona, a su paso por diversas tierras, y consolémonos de momento con pensar que la íntima realidad de Pedro Salinas está en sus obras, algunas de las cuales tiene ahora el curioso lector al alcance de su mano. Limitémonos, pues, a dar un escueto *curriculum vitae*.

Copiamos los datos que se han publicado en sucintas biografías, sobre todo con motivo de los homenajes dedicados al poeta, cuyas noticias bibliográficas pueden verse en la parte correspondiente de este prólogo.

Pedro Salinas nació en Madrid el 27 de noviembre de 1891 (y no 1892, como se lee en muchos lugares, incluso en la lápida de su sepultura en San Juan de Puerto Rico). Hizo sus estudios de segunda enseñanza en el Instituto San Isidro de su ciudad natal (bachiller en 1909) y cursó en la Universidad de Madrid las carreras de abogado y Filosofía y Letras (Licenciado en Letras en 1913; después, Doctor). Fue a la Sorbonne, como Lector de Español, de 1914 a 1917. Contrajo matrimonio en 1915 con Margarita Bonmatí, de familia alicantina radicada en Argel. Concurrió asiduamente al Ateneo de Madrid. En 1918 ganó la cátedra de Literatura Española de la Universidad de Sevilla, donde fue discípulo suyo el poeta Luis Cernuda. El curso de 1922-1923 lo pasó enseñando en la Universidad de Cambridge (Inglaterra) como Lector de Español. Después vuelve a Madrid y trabaja en el Centro de Estudios Históricos con el equipo de investigadores que dirigía don Ramón Menéndez Pidal. Allí prepara ediciones de clásicos y escribe ensayos de crítica sobre literatura contemporánea para el *Índice literario* del Centro, algunos de los cuales se han publicado después en su libro *Literatura española. Siglo XX*. En su juventud colabora también en revistas prestigiosas de su tiempo, como *Prometeo, España, La Pluma, Revista de Occidente*.

Demostró gran capacidad de organizador en la fundación y dirección de la Universidad Internacional de Santander, creada en 1933, durante la República, verdadero orgullo de la Universidad española, donde se reunían ilustres profesores de diversos países y un selecto grupo de estudiantes. En 1936 vino a los Estados Unidos de América invitado por Wellesley College, donde enseñó hasta 1939, año en que pasó a la Johns Hopkins University en Baltimore. Esta Universidad le dio autorización para enseñar en la de Puerto Rico, en Río Piedras, desde 1942 a 1945. Allí se enamoró de la tierra, del mar y de las gentes y fue feliz.

Solía enseñar durante el verano en la Escuela Española de Middlebury College (Vermont) y esta institución le confirió la distinción de *doctor honoris causa* en 1937. Recorrió otras muchas Universidades como conferenciante o profesor visitante y viajó por Centroamérica, Sudamérica y diversos países de Europa, pero nunca volvió a pisar su tierra española, de la que se consideraba voluntariamente exiliado por razones políticas.

Murió en Boston el 4 de diciembre de 1951, y está enterrado junto al mar de Puerto Rico, en San Juan, en el cementerio de Santa Magdalena.

Como poeta (y seguramente como hombre, pues sería absurdo pensar de otra manera), Salinas fue amante de los sueños. Realizó los sueños de su juventud viajando, conociendo tierras y gentes. Pero el destino, el seguro azar, le dejó al fin nostálgico de su patria, en un desenlace que seguramente estaba muy lejos de imaginar el poeta (y el hombre) en sus años madrileños y sevillanos.

LA generación de Pedro Salinas, que se llama del 27 o del 25, y a la que pertenecen poetas ilustrísimos como Jorge Guillén, Federico García Lorca, Rafael Alberti, Vicente Aleixandre, Luis Cernuda y varios más no menos importantes, viene después de los tres grandes maestros que pusieron la poesía española a una altura de categoría universal: Miguel de Unamuno, Antonio Machado y Juan Ramón Jiménez. Era muy difícil superar a estos gigantes, y por eso la generación del 27 siguió un camino algo diferente, aunque manteniéndose dentro de la tradición. Machado les había enseñado a interiorizar las experiencias y guardarlas en la bodega del alma hasta que salían aromatizadas con las esencias de la "madre". Además había enseñado a castigar el lenguaje, frente a la generosa oferta que de él nos hacían los modernistas, demasiado opulentos de habla para el gusto castellano. Jiménez había enseñado a depurar y a castigar los sentimientos, penetrándolos en busca de su verdadera hondura. Y lo que les correspondió hacer a los poetas del 27 fue continuar esa penetración, y no sólo en los sentimentos, sino en las cosas mismas, sobre las que las ciencias iban ofreciendo cada día conocimientos más exactos. Es decir, estos poetas, un tanto como los hombres de ciencia, querían conocer mejor las cosas y darnos la versión poética más acertada, lograr "la fiel plenitud de las palabras", como dijo Guillén, y no hablar por hablar, como habían hecho algunos poetas famosos del postromanticismo.

En Salinas tenemos un buen ejemplo de cómo esa penetración en las cosas o en los sentimientos exigía mayor rigor, mayor insistencia. Veamos cómo se comportan en una situación semejante Antonio Machado, Juan Ramón Jiménez y Pedro Salinas. La situación es la siguiente: el poeta tiene a la amada, la posee, pero se queda insatisfecho porque no la entiende. Lo que ha logrado saber Machado es bien poco:

> Arde en tus ojos un misterio, virgen
> esquiva y compañera.
> No sé si es odio o es amor la lumbre
> inagotable de tu aljaba negra.
> ....
>
> ¿Eres la sed o el agua en mi camino?
> Dime, virgen esquiva y compañera.

Tenemos aquí la conocida humildad de don Antonio: "yo no sé...", y las dos únicas alternativas entre las que fluctúa su conocimiento, o desconocimiento, son: amor, odio; agua, sed.

Juan Ramón no sabe mucho más, pero es más orgulloso, está más poseído de su ignorancia:

> Subes de ti misma
> como el surtidor
> de una fuente.
> No
> se sabe hasta dónde
> llegará tu amor,
> porque no se sabe
> dónde está el venero
> de tu corazón.
> —Eres ignorada,
> eres infinita,
> como el mundo y yo.

Mientras Machado dice "yo no sé...", éste dice "No se sabe", y sin embargo pretende saber mucho: que eres como el surtidor de una fuente, que eres ignorada, como el mundo y yo. Es decir: en resumidas cuentas lo sabe todo, hasta cómo es el mundo y yo.

Siguiendo el mismo símbolo del venero, Salinas lanzará muchos más nombres a la cara del misterio para ver si acierta con su verdadera significación:

> Agua en la noche, serpiente indecisa,
> silbo menor y rumbo ignorado:
> ¿qué día nieve, qué día mar? Dime.
> ¿Qué día nube, eco
> de ti y cauce seco?
> Dime.

Aunque parece que el poema, de *Presagios,* se refiere al agua, como quiere L. F. Vivanco (y tal parece que fue la intención del autor, según nos comunica Jorge Guillén), nosotros, adueñándonos de él (esperamos que sin gran abuso), preferimos achacárselo a un ser con algunas más capacidades de habla que el agua: podría tratarse de un ser femenino de más sustancia, porque obsérvese cómo contesta —y por primera vez tenemos una contestación, y muy sensata, al misterio de la amada entregada pero desconocida. Ella dice:

> —No lo diré; entre tus labios me tienes,
> beso te doy, pero no claridades.
> Que compasiones nocturnas te basten
> y lo demás a las sombras
> dejáselo, porque yo he sido hecha
> para la sed de los labios que nunca preguntan.

Salinas, después de apretar el cerco con las preguntas insistentes, se ha salido con una respuesta, ha forzado la respuesta.

Sin abandonar del todo esta interpretación del poema "Agua en la noche", me parece más fundada y demostrable la de mi alumna de Bryn Mawr College, Mary O'Connor, que ha estudiado en un trabajo inédito el valor simbólico de "agua", "beso" y "sombra" en la obra de Salinas. Según Miss O'Connor, los críticos hemos prestado poca atención a los versos centrales del poema. Si leemos "El agua está en la alberca", de *Presagios,* veremos cómo se besan un agua y un chopo que está a su orilla: ambos se enfadan o se apaciguan según cambian el viento y las estaciones; es que tienen alma, y "el alma del chopo tiembla / dentro del alma del agua". Salinas siempre busca un más allá, o un más adentro, en las cosas, que revelará la verdadera esencia. En cambio, el reflejo de una cosa, o persona, en un espejo no da la esencia, porque el espejo no tiene alma. Feal Deibe no está en lo cierto cuando dice: "El espejo cumple en la poesía de Salinas una función análoga a la del agua: pertenece al tipo de realidades que sacan el alma..." (*La poesía de Pedro Salinas,* pp. 46-47).

En cuanto a "sombra", hay muchas referencias en la obra de nuestro poeta. "Nothing is complete without its shadow" (Salinas, *Reality and the Poet...,* p. 5).

La frase: "beso te doy, pero no claridades", quiere decir que el agua se entrega, da su alma; pero no como lo que da el espejo, que sólo da claridades superficiales, sin significado profundo: sólo un disfraz. La verdadera "claridad" que busca Salinas es la "claridad de lo incognoscible", de la que se habla también en *Presagios,* en el poema "Estos dulces vocablos...", donde leemos: "Pero es tan dulce el son de ese tu no aprendido / lenguaje, que presiente el alma en él la escala / por donde bajarán los secretos divinos. / Y ansioso y torpe, a tu vera me quedo / esperando que tú me enseñes el lenguaje / que no es mío, con unas incógnitas palabras / sin sentido. / Y que me lleves a la claridad de lo incognoscible, / paisaje dulce, por vocablos desconocidos." (Se ve que Salinas no conoce muy bien el lenguaje de un agua o de un paisaje.)

Esto era sólo un "presagio", y lo que le reveló un paisaje y un agua lo desarrollará después Salinas ante "tu dulce cuerpo pensado", de *La Voz,* como lo descubrió Daniel al *contemplar* el cuerpo desnudo de *Clara:* "la verdad desnuda, la desnudez hermosísima de un cuerpo en su alma" (*El desnudo impecable*).

En "Agua en la noche", el poeta quiere comprender el secreto, o misterio, del agua, y le lanza metáforas ("serpiente indecisa", etc.), lenguaje probablemente falso; pero la respuesta misteriosa que da el agua hay que entenderla así: sólo por el beso que dan tus labios puedes llegar a mi alma; pero si tus labios (tu lenguaje, tu palabra) piden la "claridad", no conseguirán más que una imagen-respuesta inexacta de mí.

Por todo esto, insisto en mi opinión de que lo que dice el agua podría muy bien decirlo una mujer (con el permiso de Miss O'Connor, y de Salinas, por supuesto). La personificación del agua, o del chopo, está basada en un modelo... humano, naturalmente.

Jorge Guillén, que tanto interés ha tenido en ordenar su poesía y dárnosla armoniosamente presentada, también ve armonía en la totalidad de la obra de su amigo Salinas: "Esta obra poética —escribe— se distribuye en nueve libros, que se agrupan en tres etapas. La etapa inicial —de

1923 a 1931— comprende *Presagios, Seguro azar, Fábula y signo.* La segunda etapa constituye en rigor un verdadero ciclo. De 1933 a 1938 se desenvuelve el gran tema: *La voz a ti debida, Razón de amor,* y el final *Largo lamento...* Esenciales son también los tres libros de los años 40: *El contemplado, Todo más claro* y el póstumo *Confianza.* Este postrer repertorio no tenía nombre. Y se escogió como título general el de uno de los poemas —"Confianza"— que convenía a la inspiración del último Salinas". ("Pedro Salinas", *Mod. Lang. Notes,* 82, núm. 2, March, 1967, p. 143. Este artículo de Guillén es el texto de una conferencia pronunciada en Johns Hopkins University el 26 de abril de 1966, y se ha publicado también en versión inglesa como prólogo a la segunda edición de Pedro Salinas, *Reality and the Poet in Spanish Poetry,* edición *paperback* de la Johns Hopkins Press).

No es fácil hacer un resumen de los libros primeros de Salinas, cuyos títulos ya indican bastante. Los críticos suelen redondear su juicio aplicando una denominación genérica a la obra: "conceptismo interior", "pasión de absoluto", "dialéctica entre el ser y el no ser, entre el amor y la nada" (Palley). Esta última denominación prueba el amplio radio de esta poesía, su variadísima atención por el mundo y el propio yo". Dejemos que Guillén resuma el contenido de esta poesía: "¿Vida sólo interior? ¿Alma vuelta hacia sí misma? Nunca. La índole espiritual tan evidente de toda la obra no implica ningún ensimismamiento, ni siquiera dentro del ámbito clausurado que se traza a veces el amor. Salinas está siempre en relaciones de amor o de amistad con las cosas y las gentes, siempre en relaciones de amor o de amistad con las cosas y las gentes, siempre dispuesto a descubrir en ellas su valor, su trascendencia, su sentido. Este sentido vital se entiende y se siente sólo bien asentado y encajado en una materia concreta". (*Loc. cit.,* p. 144). [1]

---

[1] Véase también la línea de la evolución de nuestro poeta según J. Marichal: "Pedro Salinas: la voz a la confidencia debida", *Rev. Occid.,* mayo 1965, pp. 154-170.

Salinas quiere entender mucho más que entenderse. Sus escritos de crítica nos prueban ese deseo de informarse, y los que le trataron nos hablan de lo mucho que gustaba leer en las lenguas que dominaba bien: español, francés e inglés. Era un hombre que aspiraba a estar enterado, y el objeto que requería su comprensión podía ser desde una cosa, no por pequeña insignificante, a un sentimiento pequeño o grande, o a la vida que le rodeaba en su tierra de adopción —los Estados Unidos—, o los acontecimientos mundiales.

De todos estos temas, el que el poeta *vive* (y sobre el que escribe) con más intensidad es el del amor a la mujer, que nosotros no vamos a "explicar" en esta introducción, ya que el lector tiene el texto en sus manos, y, como decía el propio Salinas: "La poesía se explica sola; si no, no se explica. Todo comentario a una poesía se refiere a los elementos circundantes a ella, estilo, lenguaje, sentimientos, aspiración, pero no a la poesía misma. La poesía es una aventura hacia lo absoluto". (Entre las palabras que preceden a sus versos en la famosa *Antología* de Gerardo Diego). En nuestras notas, al final de esta edición, nos referiremos a algunos de esos "elementos circundantes".

Pero queremos decir algo más ahora sobre el poema que es *La voz a ti debida*. Se observa una línea que va desde el nacimiento de la pasión (con tiempos verbales de futuro y de presente) hasta la despedida (con dominio de pretéritos, o de futuros que anhelan un deseo de otra vivencia forzosamente diferente de la que ha incendiado los sentidos y el espíritu del poeta). El climax de la pasión, de la posesión de la amada, va, aproximadamente, desde el v. 702 al 855. La separación de los amantes ya se percibe claramente a partir del v. 986. Separación material, porque el "dolorido sentir" ya no se lo podrán quitar nunca al amante, y Ella le acompañará como una sombra, a veces tan material, que el estremecimiento que el poeta siente con esa "presencia" se nos comunica y contagia. Pero es una sombra, habla de una sombra. De Ella ha quedado una ausencia habitada por una sombra, y El no es, desde luego un cuerpo deshabitado. Salinas no adopta ni la actitud resentida de Cernuda ante la pérdida de un amor ("¿Qué queda de las alegrías y penas del amor cuando éste desaparece? Nada, o peor que nada; queda el recuerdo de un olvido" —introducción a *Donde habite el olvido*, escrito en la misma época que *La voz a ti debida*), ni el hundimiento de Alberti ante una experiencia semejante, tal como nos lo comunica en *Sobre los ángeles*, de 1929: "Amor, pulpo de sombra. / malo". (Salinas tenía once años más que Alberti y Cernuda.)

En *Razón de amor*, el poeta, más tranquilo, examina eso que queda. Si ella no cumplió *in vivo* lo que El le pedía (que se alzase sobre sí misma, "en tensión todo el cuerpo, ya ascendiendo / de ti a ti misma", V 1449 y ss.), El se encarga de hacerlo por Ella, no desilusionado, sí triste, pero sin rencor. Y el final de este libro está marcado por la esperanza y la satisfacción. El poeta ya va viendo más claro, va comprendiendo, que es lo que le importa sobre todo.

Ya sabemos que hay una última parte de poesía amorosa, continuación de las anteriores: *Largo lamento*. Esta parte se compone de: "Entretiempo romántico", incluido en *Todo más claro; Volverse sombra y otros poemas*, Scheiwiller, Milano, "A l'Insegna del Pesce d'Oro", 1957; y dos breves composiciones: "Amor, Mundo en Peligro", Scheiwiller, "I Poeti Illustrati", Milano, febrero, 1958, con un aguafuerte de Fabrizio Clerici; y "Dueña de ti misma", Scheiwiller, "Strenna per gli Amici di Paolo Franci, Natale 1958-Capodanno 1959", Milano, 1958, con un aguafuerte de Pablo Picasso.

Demos un vistazo, en esta introducción, a ese *Largo lamento*. En "Entretiempo romántico" asistimos otra vez al adiós, a la separación física de los amantes, no como si se separase la uña de la carne, sino con cierta resignación por lo inevitable. Un lento y largo adiós, pero no patético.

Volverse sombra contiene ocho poemas, uno de los cuales es el titulado "Volverse sombra". El tono general es como de carta en verso escrita a Ella, ya sombra; y en vez de la tristeza, domina el agradecimiento: "Nunca agradeceremos / bastante a tu belleza..." No sufre ya una resignada ausencia, porque Ella es "Eterna presencia", no fuera de El, donde no servía, sino dentro: "Lo que yo te pido / es sólo que seas / alma de mi ánima, / sangre de mi sangre / dentro de mis venas". "Los puentes" es una delicia: el poeta simula que está pasando las hojas de un álbum de recuerdos. Y el contacto de los amantes se reanuda a través de los siguientes puentes: tú, las lágrimas en soledad, el humo del cigarrillo, la esfera del reloj, que recuerda las horas salvadas, las veinticuatro horas diarias salvadas durante los varios años que duró el amor. "Volverse sombra" es una larga confesión, en la que el poeta le pide perdón a Ella por haberle hecho daño, como si estuviera a punto de morir. Si El era una sombra en el primer poema de *La voz a ti debida* ("Una sombra parecía. / Y la quisiste abrazar. Y era yo"), ahora El es otra vez una sombra. Ahora nos explicamos la estrofa de *La voz a ti debida*:

> Y así, cuando se desdiga
> de lo que entonces me dijo,
> no me morderá el dolor
> de haber perdido una dicha
> que yo tuve entre mis brazos,
> igual que se tiene un cuerpo.
> Creeré que fue soñado.
> Que aquello, tan de verdad,
> no tuvo cuerpo, ni nombre.
> Que pierdo
> una sombra, un sueño más.

> (V 153-163).

El sueño muere en el último poema de esta serie: "Muerte del sueño", nuevo agradecimiento a Ella. Ella fue un sueño que El pudo tocar. Y ahora El es la tumba donde yace ese sueño:

Ya sé el secreto último:
el cadáver de un sueño es carne viva,
es un hombre de pie, que tuvo un sueño,
y alguien se lo mató.

El es la tumba de un sueño, pero no un cuerpo des-
habitado. Una vez brilló la luz, y ya fue bastante com-
pensación (se logró lo inmortal). Ella fue "la luz sin
par, la que rechaza / toda comparación con lo que
existe" ("El cuerpo, fabuloso", *Todo más claro*). Como
en "El gran cero", de Abel Martín, donde los sumi-
dos en la sombra, los "asombrados", languidecen por la
luz del Ser.

(Me excuso de comentar los dos poemas, "Amor, mun-
do en peligro" y "Dueña de ti misma", publicados por
Scheiwiller en 1958, porque, aunque muy bellos, se nota
que están separados de su contexto. Ese contexto es, cier-
tamente, *Largo lamento,* pero ¿dónde los habría colocado
Salinas? ¿apoyándose junto a qué otras composiciones
vecinas? Eso no lo sabremos nunca. Y siento que estas
dos joyitas bibliográficas no satisfagan nuestro deseo de
saber cómo hubiera sido la *obra* compuesta por las manos
del poeta.)

La obra no poética de Salinas es muy extensa. Cum-
plió con su deber de profesor y crítico investigando y
publicando. Ante el gran público dio conferencias que
han visto la luz en *El defensor* y en otras partes. Y, ne-
cesitado de una nueva vía de expresión, escribió en sus
últimos años teatro, novelas y cuentos. No debemos aquí
detenernos a comentar esas obras. Sólo queremos aludir
brevemente a *El desnudo impecable y otras narraciones*
(1951) para señalar una vez más la línea consistente que
este autor siguió.

"El desayuno" es el *seguro azar,* el azar que no falla.
En "La gloria y la niebla" se alude a la "corporeidad
mortal y rosa" que el amor necesita para no ser una
relación entre fantasmas. Salinas no era un místico. Ahí
se lee: "Habían de verse, para pararle los pies, o las
alas, a un sueño que iba muy deprisa; que no invadie-

ra el ámbito que el amor no puede ceder jamás al soñar demasiado sin descarnarse, sin renunciar a la terrible hermosa entereza a que le condena el alojarse en cuerpos mortales" (p. 79). En "El desnudo impecable" Daniel puede contemplar por fin *la verdad desnuda revelada* —una especie de ideal—. Daniel va a verlo *todo más claro*. *Clara* se llama la mujer, la *contemplada*. "Los inocentes" nos presenta un narrador poseedor de un secreto, y él es el único que puede decidir cuál ha sido el destino de un hombre. Narrador = Dios. (Ese destino de que se habla está envuelto en las nieblas del "seguro azar"). Y lo mismo en el último cuento, "El autor novel", donde el destino de unas personas está en las manos del propietario de una colección de barajas (barajas = azar). La vida de esos personajes "de milagro se salvó". *Seguro azar*.

Los lectores ingenuos, amantes de la poesía de Salinas, no tienen dificultad en comprender a este poeta, y si la tienen, no importa, porque la satisfacción general de la lectura compensa de cualquier oscuridad, a la que tal vez se puede llegar por afinidad espiritual. Pero los críticos (es decir, los lectores no ingenuos), en su deseo de explicarse esas dificultades, se enredan en metafísicas y sicologías que estropean muchas veces sus profundas intuiciones. ¿Tiene la culpa el propio Salinas? No le acusemos de ser lector de sicólogos y filósofos, porque sería acusarle de ser hombre culto de su época. Sabemos que leía con placer a Charles Baudouin y Gaston Bachelard, y a Teilhard de Chardin, ¡y a Proust!; pero su poesía es anterior a esas lecturas —exceptuando naturalmente a Proust—, y desde luego sale de mucho más dentro. No es su culpa haber profundizado en sus impresiones y haberles buscado la para él idónea expresión poética; eso era su deber. Estaba enamorado de una mujer de carne y hueso y quiso trasponer eso en poesía, produciendo así sus dos mejores libros de joven madurez: *La voz a ti debida* y *Razón de amor*. Trasponer eso, el amor, en poesía, a través de la ensoñación, es lo que recomendaba Dante, como sabía muy bien Salinas, el cual comenta, hacia el final de su libro sobre Jorge Manrique: "El pensamiento [y podríamos añadir nosotros que también el sentimiento consciente del poeta], como hecho mental, se trasmuta en sueño, realidad espiritual de otro grado, que es la que sirve de materia al poema". Pero uno de los mejores críticos de Salinas, Elsa Dehennin, insiste en que lo que el poeta estaba buscando era lo "absoluto" (lo cual, ciertamente, lo dice el mismo poeta) y que, por lo tanto, es un "místico".[2] Aplicar a nuestro poeta el calificativo de "místico", creemos que sirve para oscurecerle más que para aclararle. Preferiríamos no meternos en esas metafísicas. Baste saber que para los muy serios poetas de la generación de Salinas la poesía es eso, un *absoluto* (*un* absoluto, mejor que *el* absoluto), pero no excesivamente pretencioso, sino algo así como la entrega de un feliz hallazgo: "Consumar la plenitud del ser / En la fiel plenitud de las palabras", como dice Jorge Guillén al final de *Cántico,* en la "Dedicatoria" a su amigo Pedro Salinas. Era una tarea tremendamente importante, pero huelga por nuestra parte la investigación sicológica.

Otro crítico de Salinas, el agudísimo Leo Spitzer, publicó un artículo con gran alarde de conocimientos literarios y estilísticos, con apreciaciones de la poesía saliniana de las que no podremos prescindir. Pero nos tememos que terminó haciendo encajar a Salinas dentro de sus ideas spitzerianas, en justo castigo a las ideas salinianas que nuestro poeta se había fabricado a propósito de la amada, una muy determinada mujer. Ahora bien: si el poeta tiene derecho a fabricarse lo que quiera, el crítico no. El caso es que Spitzer decidió calificar a Salinas de "conceptista nato" (no era cuestión de desaprovechar los estudios rea-

---

[2] Julián Palley, *La luz no usada. La poesía de Pedro Salinas,* México, Andrea, 1966, también insiste en denominar místico a Salinas, abarcando con el concepto no sólo lo que entendemos por él dentro de la tradición judeo-cristiana, sino también lo en la oriental, los indúes y los budistas. (Ver p. 54 de esa obra particularmente.)

lizados en literatura barroca española y sus descubrimientos sobre la "Literarisierung des Lebens"), y decidió acotar ese "conceptismo" dentro de uno muy particular llamado "conceptismo interior". No creemos que, como dice Spitzer, el poeta escruta a la amada "para conocerse a sí mismo". No; eso se dará por añadidura; lo que está buscando el poeta es el poema (y, hagamos caso a una advertencia que nos hace Jorge Guillén: "y el poema consiste en la búsqueda de la mujer amada").

Mejor que aceptar sin más el término "conceptismo interior", creemos que vale la pena detenerse un momento a considerar la cuestión por nuestra cuenta. Vamos a considerar la peculiar manera de Salinas de nombrar a las cosas con un nombre dislocado, lo cual podría clasificarse dentro de lo que en imaginería poética se llama "visión", como hace Elsa Dehennin siguiendo la clasificación de Carlos Bousoño.

Partimos de un comentario de Spitzer. Se trata del poema de *La voz a ti debida,* que comienza:

> ¡Ay!, cuántas cosas perdidas
> que no se perdieron nunca.
> Todas las guardabas tú.

Las experiencias del poeta, anteriores al conocimiento de la amada, se habían perdido, evaporado. Pero

> Cuando te miré a los besos
> vírgenes que tú me diste,
> los tiempos y las espumas,
> las nubes y los amores
> que perdí estaban salvados.
> Si de mí se me escaparon,
> no fue para ir a morirse
> en la nada.
> En ti seguían viviendo.
> *Lo que yo llamaba olvido*
> *eras tú.*

> (V 310 y ss.; subrayado mío).

Comenta Spitzer: "Es el problema del desplazamiento de la memoria (antes ésta residía en el poeta, ahora parece haber pasado a Ella) que la fórmula paradógica ha hecho necesaria". ("El conceptismo interior de Pedro Salinas", *Rev. Hisp. Mod.*, VII, 1941, pp. 63-64). No creemos que haya tal desplazamiento de la memoria. Las cosas habían dejado de existir: habían perdido gusto y significado (por eso el olvido), y ahora, gracias a Ella, vuelven a tener gusto y significado. Ella es la potencia que da gusto y significado a la vida; y llamar *olvido* a Ella no es un juego de palabras; es simplemente un inocente disparate del poeta, el cual, sin Ella, no sabía nombrar bien a las cosas.

Mi voz, nos dice el poeta, mi verdadera voz, es "la voz a ti debida". El queda maravillado al oír incluso la palabra más simple cuando Ella la dice: antes no significaba nada; ahora está cargada de significación porque Ella es el contexto. *Miércoles, otoño, alegría, pena,* incluso *amor,* están vacíos de significado sin un contexto. Ni el *mar* ni el *viento* saben cómo se llaman, porque viven para sí mismos. Pero si, por casualidad, por un "milagro" (como dice el propio Salinas), la voz de Ella pronunciase esas palabras, cobrarían sentido. La palabra *mañana* iba por ahí, "suelta, vacante", "sin alma y sin cuerpo". Pero de pronto Ella la pronunció:

> ¡Mañana! Qué palabra
> toda vibrante, tensa
> de alma y carne rosada
> cuerda del arco donde
> tú pusiste, agudísima,
> arma de veinte años,
> la flecha más segura
> cuando dijiste: "Yo..."
>
> (V 229-236).

(Observemos, entre paréntesis, la finura de Salinas: tiene tanto temor a pronunciar él la palabra "mañana", que termina el poema omitiéndola, con puntos suspensivos en su lugar). Ella dijo: "Yo, mañana", y las palabras se incorporaron a la vida significante. La experiencia la conocemos todos (sin un contexto, las palabras no sirven para nada) y no vale la pena que nos metamos en las profundidades de la filosofía del lenguaje.

Salinas, como todo poeta (conceptista o no conceptista), quiere crear un mundo con palabras vírgenes; pero a diferencia de otros poetas, cree que la fuente de virginidad está en la voz de Ella, capaz de hacer aparecer todo el mundo nuevo, por arte de magia. En eso consiste su gracia... y su locura.

Ahora bien: Ella también puede ser una mentirosa de gran calibre, porque al fin y al cabo es una mujer. Ella toca a veces el mundo sin sentido de los demás mortales, donde las palabras "s'offrono come donne publiche a chi le richiede", como dice Eugenio Montale. Hay un poema en el que Ella parece querer tirar de El hacia la carne:

> Y mientras siguen
> dando vueltas y vueltas, entregándose,
> tus rostros, tus caprichos y tus besos,
> tus delicias volubles, tus contactos
> rápidos con el mundo,
> haber llegado yo
> al centro puro, inmóvil, de ti misma.
> Y verte cómo cambias
> —y *lo llamas vivir*—
> en todo, en todo, sí,
> menos en mí, donde te *sobrevives*.
>
> (V 845-856; subr. mío).

El, que ya sabe el secreto, el verdadero nombre de las cosas, no se va a dejar engañar ahora. ¡Llamar *vivir* a eso!

> ¿Quién te va a ti a conocer
> en lo que callas, o *en esas*
> *palabras con que lo callas*?
>
> (V 391-393; subr. mío).

Palabras muy importantes tendrán que ser sopesadas, y sospechadas, antes de usarlas con pleno sentido. Si están envueltas en nuestro contexto amoroso, lo tendrán; si no, no. El *futuro*, ahora, para nosotros, *se llama ayer* (V 631-632). Y en *Razón de amor,* donde ya se va dominando el lenguaje:

> A su fugacidad [del amor],
> con el alma del alma,
> *la llamamos lo eterno.*
> Y un momento de él
> —de su tiempo infinito—,
> si nos toca en la frente,
> será la *vida* nuestra.
>
> (R 955-961; subr. mío).

Ahora no le parece un disparate llamar a eso, a un instante, *la vida.* O:

> ... Nuestro cuerpo
> es el cuerpo primero en que vivimos,
> y eso *se llama juventud a veces.*
>
> (R 1981-1983; subr. mío).

"A veces", dice; depende... O:

> cuerpo con cuerpo igual que agua con agua,
> corriendo juntos entre orillas
> *que se llaman* los días más felices!
>
> (R 2036-2038; subr. mío).

Otras palabras que *se llaman* como se llaman, y que corren el riesgo de no significar nada: "la gran consagración llamada dicha" (R 2327), "la trágica verdad / llamada mundo, tierra, amor, destino" (R 2396-2397), dos seres "han decidido ya / romper el viejo hechizo que se llama / vivir en este mundo" (R 2425-2427). "Esa evidencia / que llaman realidad" (R 2452-2453), "No cederemos, no. Ya perdonamos / las argucias del mundo muchos años. / ¿Te acuerdas? Las llamábamos delicias" (R 2472-2474), "Dejará de llamarse / felicidad, nombre sin dueño. Apenas / llegue se inclinará sobre mi oído / y me dirá: 'Me llamo...' / La llamaré así, siempre, aún no sé cómo, / y nunca más felicidad" (R 2672-2677).

Está poseso. Quiere romper las normas, los nombres: "Y no más nombres ya, no más maneras / de conocernos que esas señas leves" (R 2544-2545). Está poseído por algún espíritu, como un vate, como un oráculo, o "medium", porque habla con "la voz a ti debida", en sueños. Y a la vez, está dudoso, como un hombre. Hacia el final de su vida se calmará esa furia, y el nombre definitivo aparecerá —estaba esperando ahí muchos años: EL CONTEMPLADO. [3] Pero en su período de exaltación, la duda le domina y no sabe ni cómo se llama Ella; es una busca dolorosa ("Perdóname por ir así buscándote; perdóname el dolor alguna vez..."). Pero es que lo acabado, lo resuelto, no le gusta:

> ¡qué claro estaría todo,
> todo que acabado ya!...
> ... Sería cambiar la duda
> donde vives, donde vivo
> como en un gran mundo a oscuras,
> por una moneda fría
> y clara: lo que es verdad.
>
> (V 1923-1932).

"Mejor es no preguntarte", empieza diciendo este poema que hemos citado, de *La voz a ti debida,* porque ya sabe la respuesta: "Yo he sido hecha para la sed de los labios que nunca preguntan", que dijo ya en *Presagios* (1923).

¡Qué tragedia! Tenerla y no tenerla, y saberlo. ¿Cómo se llama Ella, además de Tú?

> ¿Sabes tú el nombre?
> ....

---

[3] No vamos a analizar aquí esta obra. Remitamos a: J. Marichal, "Pedro Salinas y su *Contemplado*". En: *Hom. a D. Alonso,* Madrid, 1961, II, pp. 435-442; y M. Arce de Vázquez, "Mar, poeta y realidad en *El contemplado* de Pedro Salinas", *Asomante,* III, 2, 1947, pp. 90-97.

> Se estrenaban los nombres
> de los gozos primeros.
> ....
>
> En ese paraíso
> de los tiempos del alma,
> allí, en lo más antiguo,
> es donde está tu nombre.

Donde habite el olvido, dirán dos poetas a los que une Salinas: Bécquer y Cernuda.

Estas son palabras de Salinas:

> ... como él [el nombre] no deja huella
> en memoria ni en signo...
> ....
>
> a su cielo se vuelve
> todo alado de olvido.
>
> (R 481-487).

("En memoria ni en signo..." *La memoria y los signos* es el título de un libro de un joven poeta de hoy, también dubitativo y en busca de...: José Angel Valente). Y dice Salinas en *Razón de amor* (1936):

> Pero tu nombre, ¿quién,
> dime, quién va a borrarlo,
> si en nada se le lee,
> si no lo ha escrito nadie,
> como lo digo yo,
> como lo voy callando?
>
> (R 997-1002).

Ya Rafael Alberti había dicho, en 1929, en *Sobre los ángeles:*

> Y el mar fue y le dio un nombre
> y un apellido el viento...
> La tierra, nada.
> Nunca escribió su sombra
> la figura de un hombre.

El poema se titula "El ángel ángel". ¿Es ése su nombre?

Hemos mezclado muchas citas y varios nombres de poetas. Desearíamos que esta mezcla no produzca confusión. ¡Qué destino de poeta se buscó Salinas! Hablar de lo inefable. No estar seguro de lo que dice ("Lo que yo llamaba olvido /eras tú"). Se lo buscó cerrando los ojos y se atuvo a las consecuencias. Alberti se parece a él en esa busca ciega. La nostalgia por la pérdida de lo poseído también nos hace pensar en Cernuda. Y se nos viene también a la mente este joven de hoy, José Angel Valente, que nos presenta *su memoria y sus signos* entre las dudas de su pasado (que él llama "azar") y las incertidumbres de su futuro (que él llama "destino")... Ahí está todavía Salinas, o, digámoslo sin más rodeos, Bécquer. Antonio Machado no tuvo completa razón al decir que los poetas jóvenes de su tiempo no tenían alma y escribían con imágenes más "conceptuales" que "intuitivas".

El poema que, en nuestra opinión, es clave para entender a Salinas pertenece a su segundo libro, *Seguro azar* (entre 1924 y 1928), y se titula "Vocación":

LA VOCACIÓN

Abrir los ojos. Y ver
sin falta ni sobra, a colmo
en la luz clara del día,
perfecto el mundo, completo.
Secretas medidas rigen
gracias sueltas, abandonos
fingidos, la nube aquella,
el pájaro volador,
la fuente, el tiemblo del chopo.
Está bien, mayo, sazón.

Todo en el fiel. Pero yo...
Tú, de sobra. A mirar,
y nada más que a mirar
la belleza rematada
que ya no te necesita.

Cerrar los ojos. Y ver
incompleto, tembloroso
de será o de no será
—masas torpes, planos sordos—,
sin luz, sin gracia, sin orden,
un mundo sin acabar,
necesitado, llamándome
a mí, o a ti, o a cualquiera
que ponga lo que le falta,
que le dé la perfección.

En aquella tarde clara,
en aquel mundo sin tacha,
escogí:
              el otro.
Cerré los ojos.

Es clave para entender a Salinas porque no sólo él se define, sino que también alude y se enfrenta a la otra actitud vocacional que un poeta podría tener: "Abrir los ojos". Esta es la actitud de su amigo Jorge Guillén. Parece como si en este poema Salinas se hubiera repartido el mundo con su amigo: para ti, lo de fuera, lo de los ojos abiertos; para mí lo de dentro, con los ojos cerrados. La alusión a Guillén parece indudable: "secretas medidas rigen" se refiere a las leyes de la intercomunicación universal que expone don Jorge en el primer poema de *Cántico*, "Más allá"; "Está bien, mayo, sazón", "perfecto el mundo", parecen frases suyas.

Pero Salinas prefiere cerrar los ojos y mirar hacia dentro:

No.
Tengo que vivirlo dentro,
me lo tengo que soñar.
....
Convertir todo en acaso,
en azar puro, soñándolo.

(V 145-152).

(No debemos, sin embargo, tergiversar ese lema, "Cerrar los ojos". Salinas cerraba los ojos después de mirar muy bien, para volver a mirar con el pensamiento, para penetrar en los dentros y no andarse por las ramas, para comprender mejor. Sin duda que con los ojos cerrados veía mucho mejor que otros con los ojos abiertos.)

¿Fue don Pedro fiel a esa vocación expresada en *Seguro azar*? Veámoslo. Hay otra *vocación* (es decir, otro poema con ese título) en uno de sus últimos libros, *Todo más claro* (1949). Esta vocación es curiosa: no está dirigida hacia delante, sino hacia atrás. La vocación *es* la poesía, lo dicho, lo hecho. (Poesía = dicho y hecho, va a insistir al final de su libro *Jorge Manrique, o tradición y originalidad*, que se publicó en 1947, un par de años antes que *Todo más claro*). Sin duda tiene Salinas en la mente esa idea de la obra acabada —como don Jorge Manrique la suya— cuando escribe:

LA VOCACIÓN

Silencio ha sido tu primer manera
de entrar en mí; tu entrada por mi alma,
callada brisa todopoderosa
aventando a las vacuas criaturas
que en vano me poblaban.
Tan silencioso inicio el de tu imperio
que se notaba apenas
por tiernas diferencias con la nada.

Mas era como el cielo
entre la noche y día medianero
que parece vacío
y es que está haciendo hueco a la inminente
llegada de la luz, que se lo pide.
Gran escenario, horizontal silencio
que va a llenarse todo,
porque unos labios se abren, suavemente.

Y fuiste voz, al fin, y tan hermosa
que puede confundirse con mirada.
Voz nunca servidora
de lengua alguna, ni de sus palabras;
sólo son los teclados
donde tocas tu eterna melodía.

Y así, cuando tú hablas,
no es para que salven del olvido
las cosas del momento, lo que dices.
Ella es la de quedar, tu voz desnuda,
que se dice a sí misma, inolvidable.

Me la estuviste hablando, tiempo y tiempo,
historia interminable, sin historias,
como ese que el arroyo cuenta al prado,
cuento que nada cuenta, y embeleso.
Pero bien se sentía
que todo era subirse poco a poco,
por tu voz, a su más: que es este cántico.

Las dos que fuiste tú, silencio, voz,
ya estáis atrás:
camino recorrido hacia lo alto.
Su tercer ser, final, llegó. Se ve
que tú eras lo que eres, que eras canto.
Te has quedado conmigo:
hecha són cantarín me vives dentro.
Alma arriba, alma abajo, vas y vienes,
cantando y recantando,
a tu gusto, despacio o rapidísima,
rectora, así, del paso con que pasan
mis caudales de gozo, o los de pena.
Cuando se va tu sol cantas estrellas,
se va estrellando el alma,
con los ojos cerrados, de luceros;
en tu cantar nocturno
me brizas y él me entrega
al mismo río de tu eterno cántico
en donde se descansa,
sin dormir, con los sueños del dormido.
Por gracia tuya ya no soy silencio.
Cuando el hombre cansado, el tren cansado,
cansado grillo, amor cansado, paran
y traicionan al mundo, porque cejan
en el deber supremo, que es seguir,
te oigo a ti, omnipotente, fidelísima.
Vienes, y vas. A las supremas torres
te encumbras de tu voz: cantas al cielo,
que te lo entiende todo. De distante

que se ha ido tu cantar, tan lejos, fuera,
miedo me viene
de que no se resigne a este descenso:
estar conmigo. Y a tener que oírle
como a una estrella más, mirando afuera.
Pero vuelve tu cántico del vuelo
y tanto se adelgaza y va ligero
por las venas del ser hacia la entraña,
que su correr es mi razón de vida.

Y eres mi sangre misma, si se oyera.

¿Ha sido Salinas fiel a la primera "Vocación" de *Seguro azar*? Creemos que sí. La primera "Vocación" exigía un trabajo sobre la realidad (o mejor dicho: un trabajo sobre las cosas dadas). Ese trabajo, según se prueba ahora, era la creación, o recreación, artística, poética: dar a la cosa lo que le falta. Ese trabajo implicaba *labor,* palabra que hoy, en lengua inglesa, lleva consigo el significado de "esfuerzo", "dolor". La poesía es el fin último de ese esfuerzo; pero no pretende anular ni a las cosas dadas ni al esfuerzo de pensarlas. (Tal vez la mejor conclusión a esto que acabamos de decir sean estas palabras que me comunica Jorge Guillén: "Cerrar los ojos" —para luego abrirlos y ver claro. Del amor, del estado íntimo, a la poesía").

Salinas escribió poca poesía al final de su vida, como si todo lo que había de decir estuviese dicho y hecho. Se dedicó al ensayo, a la novela y al teatro. Y cuando escribía poesía, lo hacía con la maestría del que ya no tiene que buscar lo que va a decir y del que ya domina el oficio de hacer poemas. Así salieron los del libro póstumo, *Confianza,* del que siempre nos gustará presentar "Las ninfas" como ejemplo de la perseverancia del poeta en su manera de mirar. En este poema sucede como en *La voz a ti debida:* hay una mujer de carne y hueso, que nos impide que le llamemos místico; pero se la tiene que soñar, para "sacar de ti tu mejor tú". Ahora, en "Las ninfas", revolotea el ritmo, se oyen ecos clásicos, gongorinos, hipérbatos, y la nota dominante es la de una alegría no exenta de humor. Aquí ya no hay dudas como al principio; aquí lo de menos es la verdad o la mentira (lo que se dice, es sólo verdad aquí); lo que importa para que lo que se dice sea verdad es la hechura del poema, comprobar si se da "la fiel plenitud de las palabras".

LAS NINFAS

Contra el ardor de julio salva el soto
dichas secretas.

Alas van, ondas fluyen, suenan hojas,
brillan abejas.

Suman, junto al arroyo, sus delicias
umbría y siesta.

De pronto surge, clara y sin origen,
ninfa, sorpresa.

Su aparición ningún encanto rompe,
todos se aumentan.

Susurran los augurios por el aire,
mucho se espera.

¿No va un calor de julio en ese cuerpo,
por esas venas?

¿No va por ese cauce, caudal frío,
callada oferta?

Mensajes corren entre piel que arde
y agua que tienta.

La mano de la ninfa se las quita,
da al césped sedas.

Gran capilla de pájaros anuncia
luz que se acerca:

velos que la velaban, leve túnica,
y no la velan.

Nadie hay que mire, nadie; pero todo
es reverencia.

Ondas ofician, aves, flores, cielo;
mayor, la fiesta.

Pies que apenas se posan, hasta el margen
del agua llevan

lo que el agua, en rebrillos cortejándole,
tanto desea.

Doncellil desnudez, se para al borde,
desnuda esbelta.

Nada le da al arroyo todavía,
y ya se besan.

Cae en el pecho abierto del remanso
novia refleja.

La desposada es sólo su presagio,
imagen trémula.

¡Qué sin ansia, sin peso, sin codicia,
boda, sin pérdida!

La carne rosa en su reflejo al agua
toda se entrega.

Y este trasunto leve de su cuerpo
mucho revela.

¿No es la ninfa que nace aquí, en la onda,
la verdadera?

¡Qué hermosa efigie es ella, sin su carne!
¡Es más que ella!

¿Por qué dar al arroyo un bulto, un cuerpo,
y, así, romperla?

Ya ha entregado su imagen, lo más puro
de su riqueza.

¡Que no enturbie las nupcias sin pecado,
eso que queda!

Entre su más y entre su menos, rígida,
está suspensa.

¿Qué ninfa va a elegir, la de la orilla,
o la otra, eterna?

Un celeste misterio cae, de pronto,
y se la lleva

por designio de dioses, en la nube,
al cielo, entera.

Se la ve por las noches, dibujada
virgen de estrellas.

Salinas sabe tan bien como nosotros que no hay ninfas.
No hay ninfas. ¡Qué lástima! ¿Pero el poema trata de una
ninfa, o de una muchacha? Pues de una muchacha, na-
turalmente; pero había que sacrificarla —"sacar de ti tu
mejor tú"— para que naciese el poema. Y el humor nos
indica que en el truco no hay malicia.

Después de las dudas iniciales, ya vemos cómo el poeta
domina su oficio. A un poeta para el que el hondo signifi-
cado es lo más importante no se le puede llamar "con-
ceptista". Hemos visto sufrir a Salinas con las palabras,
no jugar con las palabras, que es lo que "conceptismo"
significa. Para desacreditar definitivamente ese "conceptis-
mo", citemos el poema de *Razón de amor* que comienza
"Beso será..." y que el lector puede ver en este texto
(R 1210 y ss.). Mientras Guillén está dispuesto a admitir
la presencia de las cosas (*desea* la presencia de las cosas)
con su amor por todo alerta, Salinas, no; Salinas se reserva
el derecho de admisión de las cosas para el momento pro-
picio. La presencia de las cosas que le rodean no tiene
sabor si no se da coincidiendo con el momento de la pre-
sencia de la amada. Como en el poema "Las ninfas", en
"Beso será..." las cosas no son desdeñadas; al revés: con-
tribuirán a la armonía general, a la dicha. Pero de mo-

mento, la vida de las cosas anda por ahí en espera, vacante, sin sentido, hasta que llegue el gran momento de la significación: la presencia de Ella. Como Guillén, Salinas quiere "su persona, su persona". No envolverse en las oscuras nieblas del soñador romántico. La ausencia no es una fuente de placer, sino de dolor, y por eso, concordando con Guillén, el dolor distrae al poeta Salinas, lo enajena, no le deja ver las hojas, la tarde de abril (tan bonita, seguramente), ni sentir la caricia de la brisa. Con la poesía de Salinas se podrían hacer dos volúmenes: un *Cántico*, muy breve, de la dicha, y un largo *Clamor* del desasosiego. [4]

Dos versiones del amor: la de Guillén, un amor continuo, seguro, feliz; la de Salinas, un amor felicísimo, pero breve, fugaz: un amor de pareja que el destino tiene separada; un amor fulgurante en estaciones de ferrocarril y en aeropuertos, con muchos *Hello* y *Goodbye*.

Por eso tiene tanto interés Salinas en hablar de *salvación*. Si el amor es una prisa, no puede ser, no debe ser así. *Fábula y signo* termina con un poema titulado "Salvación", que vamos a pasar por alto ahora. *La voz a ti debida* también termina anhelando una salvación. Hay una duda antes de terminar el libro:

> ¡Y qué trajín, ir, venir,
> con el amor en volandas,
> de los cuerpos a las sombras,
> de lo imposible a los labios,
> sin parar, sin saber nunca
> si es alma de carne o sombra
> de cuerpo lo que besamos,
> si es algo! ¡Temblando
> de dar cariño a la nada!

(V 2401-2409).

---

[4] Hablando de organizar los materiales que después constituirían *El contemplado* y *Todo más claro*, dice Salinas a Guillén en una carta: "Lo que me gustaría sería hacer dos tomitos, uno con los poemas breves y contemplativos, los felices, y otro con los graves y atormentados." (*Buenos Aires literaria*, núm. 13, oct., 1953, p. 30.)

No puede ser. El amor tiene un valor, una significación, una supervivencia:

> ... Y así luego,
> al separarnos, al nutrirnos sólo
> de sombras, entre lejos,
> ellas
> tendrán recuerdos ya, tendrán pasado
> de carne y hueso,
> el tiempo que vivieron en nosotros.
> Y su afanoso sueño
> de sombras, otra vez, será el retorno
> a esta corporeidad mortal y rosa
> donde el amor inventa su infinito.
>
> (V 2452-2462).

Y tendrán *La voz a ti debida,* que es el cuento permanente de aquella vivencia pasajera.

Razón de amor se abre con la misma preocupación. "¿En dónde está la salvación? ¿Lo sabes?" ¿La salvación de qué? Quiere decir la permanencia, la eternización, el asesinato del tiempo.

> Y aunque su hecho mismo se nos niegue
> —el arribo a las costas celestiales,
> paraíso sin lugar, isla sin mapa,
> donde viven felices los salvados—,

(eso es lo que negaba ya en la "Salvación" final de *Fábula y signo* —Salinas no era un místico a lo divino)

> nos llenará la vida
> este puro volar sin hora quieta,
> este vivir buscándola:
> y es ya la salvación querer salvarnos.
>
> (R 91 y ss.).

Es la poesía la que derrota al tiempo; y toda la tarea de Salinas ha sido la forja de un *corpus* poético ("Ese / que inútilmente esperarán las tumbas"). Ese *corpus* se ha cerrado con el libro *Confianza.* ¿Confianza en qué? Confianza en el logro del anhelo:

Mientras haya...
Memoria que le convenza
a esta tarde que se muere
de que nunca estará muerta...»

Guillén lo dirá así:

No ha de quedar aquella tarde trunca.
Para el atento erige su palacio.
("Vida extrema", *Cántico*).

Refulja siempre el haz de aquel verano.
Hubo un testigo del azul sin mancha.
(*Ibidem*.)

Que parece preludiar al testigo que contempló el azul de *El contemplado*. En este último libro, Salinas trató de captar la perdurabilidad de lo que se vivió una vez bien vivido. Creemos que es oportuno citar ahora a un teólogo católico:

"Porque la salvación, a la que se refiere la esperanza cristiana, no es sólo, ni siquiera primariamente, salvación de cada uno —ya sea en cuanto individual "salvación del alma", ya en cuanto individual "resurrección del cuerpo"—, sino que es la salvación de la alianza, del pueblo, de los "muchos", en una palabra, la salvación en cuanto "resurrección de la carne", designando "carne" —a diferencia de "cuerpo"—, según el uso bíblico del término, la existencia interpersonal y social del hombre, su existencia en alianza." (Johann Baptist Metz, "Responsabilidad de la esperanza", *Rev. Occid.*, no.-dicbre. 1967, p. 207.)

Salinas dice:

Que por mis ojos, suyos, miren ellos;
y todos mis hermanos anteriores,
sepultos por los siglos,
ciegos de muerte: vista les devuelvo.

("Salvación por la luz", *El contempl.*)

En resumen, diríamos que la poesía de Salinas, en el momento de su madurez juvenil (*La voz a ti debida* y *Razón de amor*), tiene una dificultad, que es la que preocupó a Spitzer y a otros lectores: ¿el poeta está hablando de una mujer real o imaginaria? ¡Pregunta retórica! [5] Sabemos que existió la mujer real. Ahora bien: ¿qué iba a hacer el poeta? ¿transmitirnos un diario íntimo, fiel relato de sus horas felices o de sus horas atormentadas? No. Salinas era poeta, y escribir *La voz a ti debida* (una fantasmagoría) era su deber. Una fantasmagoría, pero anclada en la mujer de carne y hueso, en la experiencia vivida, en los besos dados de verdad. Así hizo no una estatua de la Amada, con ojos, boca, brazos, piernas; sino un cuadro mágico que nos obligara a una constante interpretación, como ha de ser una obra de arte. Así le daba a su obra un valor *simbólico,* como debe hacer todo artista, hasta el más realista. Como Cervantes, por ejemplo. O, para hablar de artistas en general, como Velázquez. ¿Qué vemos en "Las hilanderas" de Velázquez? En primer plano hay unas mujeres, obreras, que trabajan en una fábrica de tapices; al fondo hay una plataforma en la que unas damas parece que están mirando tapices en venta. Ese plano del fondo está un poco velado, no se ve muy bien. Pero el artista ha querido llevarnos ahí, a la zona velada, dirigiéndonos paso a paso desde el primer plano, tan claro, tan evidente. ¿Tan evidente? Volvamos a hacer el recorrido al revés, desde el fondo al primer plano. Si nos fijamos bien, el tapiz que contemplan las damas representa, aunque borroso, una mujer con casco y espada en alto, que quiere castigar a otra mujer. ¡Son Palas Atenea y Arachne! ¡El tapiz representa el mito de Arachne! Y entonces empezamos a comprender todo el cuadro: las mujeres del primer plano, las obreras, son las arañas que están cumpliendo con su maldición por los siglos de los siglos. ¿En qué quedamos

---

[5] Jorge Guillén nos avisa muy oportunamente: "Lo que importa aquí es que *en el poema* el poeta imagina una mujer real. No es una entelequia, una ficción fantástica. *Es una mujer de carne y hueso en el poema:* única lectura posible."

entonces? ¿Trata el cuadro de una escena en la Real Fábrica de Tapices, o del mito de Arachne? Pues de las dos cosas. Velázquez está dando valor *real* al mito de Arachne y valor *mítico* a la Real Fábrica de Tapices. Esto es lo que se llama "realismo", pero bastante *mágico*. Lo mismo en Salinas: está dando valor *mítico* a la amada, pero los besos son *reales*. Para eso era poeta. Para eso era artista [6].

J GONZÁLEZ MUELA

---

[6] J. López Rey, *Velázquez. A Catalogue Raisonné of his œuvre*. London, Faber & Faber, 1963, pp. 89-92.

"Ricordo ancora come negli anni del primo doppoguerra uno dei nostri scrittori più vivaci, Massimo Bontempelli, parlasse di «realismo magico». Ebbene, questa formula è tuttora quella meglio capace di definire il compito assegnato all'immaginazione da Pedro Salinas. Si potrebbe dirè che l'interpretazione favolosa della realtà quotidiana fu l'occupazione prediletta e interrotta di questo scrittore." (Renato Poggioli, "Ricordo di Pedro Salinas", en *Volverse sombra y otros poemas*, ed. Juan Marichal, Milano, All'Insegna del Pesce d'Oro, 1957, p. 8).

Queremos expresar nuestro agradecimiento a Soledad Salinas de Marichal y a Jaime Salinas por su amabilidad al permitirnos reimprimir las obras de don Pedro. Y a Juan Marichal, por algunos valiosos datos que nos ha dado.

OBRAS DE PEDRO SALINAS

A) *Poesía:*

Presagios. (Con una visita de Pedro Salinas, por Juan Ramón Jiménez). Madrid, 1923. Bca. de Indice, 7.
Seguro azar. Madrid, Revista de Occidente, 1929.
Fábula y signo. Madrid, Plutarco, 1931.
La voz a ti debida. Poema. Madrid, Signo, 1933. (Los cuatro vientos.)
Razón de amor. Madrid, Cruz y Raya, 1936; Buenos Aires, Losada, 1952; 2.ª ed., 1958.
El contemplado. México, Stylo, 1946.
Todo más claro y otros poemas. Buenos Aires, Sudamericana, 1949.
Confianza. (Poemas inéditos, 1942-1944. Edición y prólogo de Juan Marichal y Jorge Guillén.) Madrid, Aguilar, 1955.
Poesía junta. Buenos Aires, Losada, 1942. (Contiene: *Presagios, Seguro azar, Fábula y signo, La voz a ti debida* y *Razón de amor.*)
Poesías completas. Ed. prep. y rev. por Juan Marichal. Madrid, Aguilar, 1955. (Contiene: *Presagios, Seguro azar, Fábula y signo, La voz a ti debida, Razón de amor, El contemplado, Todo más claro* y *Confianza.*)
Volverse sombra y otros poemas. Milano, All'Insegna del Pesce d'Oro, 1957. (Edición de Juan Marichal, "con un ricordo di Renato Pogglioli".)
"Amor, Mundo en Peligro", Scheiwiller, I Poeti Illustrati, Milano, febrero, 1958. Con un aguafuerte de Fabrizio Clerici.

"Dueña de ti misma", Scheiwiller. Strenna per gli Amici di Paolo Franci, Natale 1958-Capodanno 1959, Milano, 1958. Con un aguafuerte de Pablo Picasso.

Poesías Completas. Ed. preparada por Soledad Salinas. Prólogo de Jorge Guillén. Barcelona, Barral, 1971, 2.ª ed., 1975.

Poesía. Ed. y pról. de Julio Cortázar. Madrid, Alianza, 1971.

B)   *Prosa narrativa*

Víspera del gozo. Madrid, Revista de Occidente, 1926.

La bomba increíble. Buenos Aires, Sudamericana, 1950.

El desnudo impecable y otras narraciones. México, Tezontle, 1951. (Contiene: *El desayuno, La gloria y la niebla, El desnudo impecable, Los inocentes* y *El autor novel.*)

C)   *Teatro*

Teatro: La cabeza de Medusa, La estratoesfera, La isla del Tesoro. Tres piezas dramáticas en un acto. Madrid, Insula, 1952.

"Los santos", *Cuadernos americanos*, XIII, 3, mayo-junio, 1954.

Teatro completo. Prólogo de Juan Marichal. Madrid, Aguilar, 1957. (Contiene: *La fuente del arcángel, La cabeza de Medusa, La estratoesfera, La isla del tesoro, El chantagista, El parecido, La bella durmiente, El precio, Ella y sus fuentes, Caín, Sobre seguro, Judit y el tirano, El director.*)

D)   *Crítica*

Reality and the Poet in Spanish Poetry. Baltimore, The Johns Hopkins Press, 1940; 2.ª ed., 1967.

Literatura española, siglo XX. México, Séneca, 1941; 2.ª ed. aum. México, Antigua Librería Robledo, 1949. (Clásicos y modernos. Creación y crítica literaria, 1.)

Ensayos de Literatura Española (Del "Cantar de Mio Cid" a García Lorca). Ed. y prólogo de J. Marichal. Madrid, Aguilar, 3.ª ed., 1967.

Jorge Manrique, o tradición y originalidad. Buenos Aires, Sudamericana, 1947.

La poesía de Rubén Darío. (Ensayos sobre el tema y los temas del poeta). Buenos Aires, Losada, 1948. 2.ª ed., 1957.

El defensor. Bogotá, Universidad Nacional, 1948; 2.ª ed. Introd. de Juan Marichal. Madrid, Alianza Editorial, 1967. (El libro de bolsillo, 79.)

BIBLIOGRAFÍA SELECTA SOBRE EL AUTOR

Libros sobre Pedro Salinas

Baader, Horst. *Pedro Salinas. Studien zu seinem dichterischen und kritischen Werk,* Kölner Romanistischen Arbeiten, Köln, 1955.

Costa Viva, Olga. *Pedro Salinas frente a la realidad.* Madrid, Alfaguara, 1969.

Crispin, John. *Pedro Salinas.* Twayne Publishers Inc., New York, 1974.

Darmangeat, Pierre. *Pedro Salinas et "La voz a ti debida".* Paris et Toulouse, Librairie des Editions Espagnoles, 1955.

Debicki, Andrew P. *Pedro Salinas.* Colección "El Escritor y la Crítica". Madrid, Taurus, 1976. (Contiene 23 artículos de autores diferentes, y muy buena bibliografía.)

Dehennin, Elsa. *Passion d'absolu et tension expressive dans l'oeuvre poétique de Pedro Salinas.* Gand, 1957. (Romanica Gandensia, 5.)

Feal Deibe, Carlos. *La poesía de Pedro Salinas.* Madrid, Gredos, 1965.

Palley, Julián. *La luz no usada. La poesía de Pedro Salinas.* México, Andrea, 1966. (Contiene una excelente bibliografía.)

Ramírez de Arellano, Diana. *Caminos de la creación poética en Pedro Salinas.* Madrid, Biblioteca Aristarco, 1956.

Stixrude, David L. *The Early Poetry of Pedro Salinas.* Princeton Univ. & Edit. Castalia, Madrid, 1975.

Zubizarreta, Alma de. *Pedro Salinas: el diálogo creador.* (Pról. de Jorge Guillén.) Madrid, Gredos, 1969.

Artículos sobre Pedro Salinas

Bravo-Villasante, Carmen. "La poesía de Pedro Salinas", *Clavileño*, núm. 21, mayo-junio, 1953, pp. 44-52.

Cano, José Luis. *Poesía española del siglo XX*. Madrid, Guadarrama, 1960, pp. 199-210.

Cernuda, Luis. *Estudios sobre poesía española contemporánea*. Madrid, Guadarrama, 1957, pp. 199-206.

Cirre, José F. *Forma y espíritu de una lírica española* (1920-1935). México, Gráfica Panamericana, 1950, pp. 55-70.

Davi, Hans Leopold. "Der Dichter Pedro Salinas". *Pensamiento y letras en la España del siglo XX (Homenaje a Miguel de Unamuno)*. Nashville, Tennessee, Vanderbilt University Press, 1966, pp. 153-178.

Debicki, Andrew P. *Estudios sobre poesía española contemporánea. La generación de 1924-1925*. Madrid, Gredos, 1968, pp. 56-110.

Feal Deibe, Carlos. "Thou Wonder, and Thou Beauty, and Thou Terror: La poesía amorosa de Pedro Salinas". *Mod. Lang. Notes*, 94 (1979), pp. 283-300.

Frutos, Eugenio. "Ser y decir en la poesía de Salinas". *Insula*, núm. 39, 15 de marzo, 1949.

Gicovate, Bernardo. "Pedro Salinas y Marcel Proust: seducción y retorno". *Asomante*, XVI, 3, 1960, pp. 7-16.

Gilman, Stephen. "El proemio a 'La voz a ti debida' ". *Asomante*, XIX, 3, 1963, pp. 7-15.

Guillén, Jorge. "Pedro Salinas", *Modern Language Notes*, 82, 2, 1967, pp. 135-148. (Esta conferencia pronunciada en la Johns Hopkins University, Baltimore, aparece en versión inglesa como prólogo de la segunda edición de *Reality and the Poet in Spanish Poetry*, de Salinas.)

Gullón, Ricardo. "La poesía de Pedro Salinas". *Asomante*, VIII, 2, abril-junio, 1952, pp. 32-45.

Lida, Raimundo. "Camino del poema *Confianza* de Pedro Salinas". *Filología*, 5, 1959, pp. 95-117.

Marías, Julián. "Una forma de amor: la poesía de Pedro Salinas". En su: *Aquí y ahora*. Austral, Buenos Aires, Espasa-Calpe, 1954, pp. 137-145.

Marichal, Juan. "Pedro Salinas y su 'Contemplado' ". *Studia Philologica (Homenaje a Dámaso Alonso)*. Madrid, Gredos, 1961, II, pp. 435-442.

Marichal, Juan. "Pedro Salinas: la voz a la confidencia debida". *Revista de Occidente*, núm. 26, mayo, 1965, pp. 154-170.

Río, Angel del. "Pedro Salinas: vida y obra". *Revista Hispánica Moderna*, VII, 1941, pp. 1-32.

Spitzer, Leo. "El conceptismo interior de Pedro Salinas". *Revista Hispánica Moderna*, VII, 1941, pp. 33-69.

Spitzer, Leo. "Adiciones a 'Camino del poema' *(Confianza)*". *Nueva Revista de Filología Hispánica*, XIV, 1960, pp. 333-340. (Se refiere al artículo de Raimundo Lida, "Camino del poema". *Filología*, 5, 1959, pp. 95-117.)

Vivanco, Luis Felipe. *Introducción a la poesía española contemporánea*. Madrid, Guadarrama, 1957, pp. 105-139.

Zardoya, Concha. *Poesía española contemporánea*. Madrid, Guadarrama, 1961, pp. 241-284.

HOMENAJES A PEDRO SALINAS

(Entre los numerosos homenajes que se han publicado en vida del poeta, y, sobre todo con motivo de su muerte, cito los siguientes, que contienen magníficas contribuciones de amigos y conocedores de la poesía de Salinas, y excelentes bibliografías, a las que remitimos al estudioso de esta poesía.)

Buenos Aires literaria, 13, octubre, 1953. (Bibliografía preparada por Horacio Jorge Becco.)

Hispania, XXXV, 1952. (Edith F. Helman, "Pedro Salinas. A Tentative Bibliography: 1941-1951".)

Insula, núm. 75, 15 de marzo, 1952. (Juan Guerrero Ruiz, "Apuntes para una bibliografía de Pedro Salinas".)

Revista Hispánica Moderna, VII, 1941. (Bibliografía preparada por Margot Arce y Sidonia C. Rosenbaum.)

NOTA PREVIA

P A R A la preparación de esta edición, hemos seguido el texto de las primeras ediciones: *La voz a ti debida,* Madrid, Signo, 1933; y *Razón de amor,* Madrid, Cruz y Raya, 1936. Además se ha consultado *Poesía junta,* Buenos Aires, Losada, 1942, que apareció en vida de Salinas, y *Poesías completas,* Madrid, Aguilar, 1955.

Hemos corregido en algunos casos la puntuación, aunque tratando de respetar la abundancia de comas que el autor parecía preferir. Alguna otra corrección se indica en las notas que, a pie de página, acompañan al texto.

PEDRO SALINAS

LA VOZ A TI DEBIDA

POEMA

MADRID
1933

... la voz a ti debida.

(Garcilaso, *Egloga* III.)

Thou Wonder, and thou Beauty, and thou Terror!

(Shelley, *Epipsychidion*.)

Retrato de Pedro Salinas

Federico García Lorca, Pedro Salinas y
Rafael Alberti (1927)

Tú vives siempre en tus actos.
Con la punta de tus dedos
pulsas el mundo, le arrancas
auroras, triunfos, colores,
alegrías: es tu música.   5
La vida es lo que tú tocas.

De tus ojos, sólo de ellos,
sale la luz que te guía
los pasos. Andas
por lo que ves. Nada más.   10

Y si una duda te hace
señas a diez mil kilómetros,
lo dejas todo, te arrojas
sobre proas, sobre alas,
estás ya allí; con los besos,   15
con los dientes la desgarras:
ya no es duda.
Tú nunca puedes dudar.

Porque has vuelto los misterios
del revés. Y tus enigmas,   20
lo que nunca entenderás,
son esas cosas tan claras:
la arena donde te tiendes,
la marcha de tu reló
y el tierno cuerpo rosado   25
que te encuentras en tu espejo
cada día al despertar,

y es el tuyo. Los prodigios
que están descifrados ya.

Y nunca te equivocaste,   30
más que una vez, una noche
que te encaprichó una sombra
—la única que te ha gustado—.
Una sombra parecía.
Y la quisiste abrazar.   35
Y era yo.

No, no dejéis cerradas
las puertas de la noche,
del viento, del relámpago,
la de lo nunca visto.   40
Que estén abiertas siempre
ellas, las conocidas.
Y todas, las incógnitas,
las que dan
a los largos caminos   45
por trazar, en el aire,
a las rutas que están
buscándose su paso
con voluntad oscura
y aún no lo han encontrado   50
en puntos cardinales.
Poned señales altas,
maravillas, luceros;
que se vea muy bien
que es aquí, que está todo   55

---

36. Stephen Gilman ha escrito un artículo sobre este primer
poema: "El proemio a *La voz a ti debida*". *Asomante*, XIX, 1963,
p. 7-15. Este crítico señala una evidente unión de Salinas con la
línea tradicional de la poesía amorosa española, particularmente con
Bécquer: "las líneas e imágenes individuales de Bécquer han sido
primero buscadas y luego sepultadas cuidadosamente bajo la super-
ficie poética desde la cual pueden operar sin ser vistas" (p. 14). Lo
becqueriano resuena, entre otros ecos, en el misterio de la amada y
en ese final: "Y era yo". Salinas y Bécquer, "al definir el *tú*, ...
aunque sea en sentido negativo, definen el *yo*" (p. 14).

queriendo recibirla.
Porque puede venir.
Hoy o mañana, o dentro
de mil años, o el día
penúltimo del mundo.   60
Y todo
tiene que estar tan llano
como la larga espera.

Aunque sé que es inútil.
Que es juego mío, todo,   65
el esperarla así
como a soplo o a brisa,
temiendo que tropiece.
Porque cuando ella venga
desatada, implacable,   70
para llegar a mí,
murallas, nombres, tiempos,
se quebrarían todos,
deshechos, traspasados
irresistiblemente   75
por el gran vendaval
de su amor, ya presencia.

Sí, por detrás de las gentes
te busco.
No en tu nombre, si lo dicen,   80
no en tu imagen, si la pintan.
Detrás, detrás, más allá.

Por detrás de ti te busco.
No en tu espejo, no en tu letra,
ni en tu alma.   85
Detrás, más allá.

69. Obsérvese que estos primeros poemas están en tiempo futuro,
de espera, o potencial, porque Ella no ha llegado todavía. Aunque
el Amor ya está presente. (De ahí, a veces, la mezcla de tiempos).

También detrás, más atrás
de mí te busco. No eres
lo que yo siento de ti.
No eres   90
lo que me está palpitando
con sangre mía en las venas,
sin ser yo.
Detrás, más allá te busco.

Por encontrarte, dejar   95
de vivir en ti, y en mí,
y en los otros.
Vivir ya detrás de todo,
al otro lado de todo
—por encontrarte—,   100
como si fuese morir.

¡Si me llamaras, sí,
si me llamaras!

Lo dejaría todo,
todo lo tiraría: 105
los precios, los catálogos,
el azul del océano en los mapas,
los días y sus noches,
los telegramas viejos
y un amor.   110
Tú, que no eres mi amor,
¡si me llamaras!

Y aún espero tu voz:
telescopios abajo,
desde la estrella,   115
por espejos, por túneles,
por los años bisiestos
puede venir. No sé por dónde.
Desde el prodigio, siempre.
Porque si tú me llamas   120
—¡si me llamaras, sí, si me llamaras!—

será desde un milagro,
incógnito, sin verlo.

Nunca desde los labios que te beso,
nunca   125
desde la voz que dice: "No te vayas."

HA sido, ocurrió, es verdad.
Fue en un día, fue una fecha
que le marca tiempo al tiempo.
Fue en un lugar que yo veo.   130
Sus pies pisaban el suelo
este que todos pisamos.
Su traje
se parecía a esos otros
que llevan otras mujeres.   135
Su reló
destejía calendarios,
sin olvidarse una hora:
como cuentan los demás.

Y aquello que ella me dijo   140
fue en un idioma del mundo
con gramática e historia.
Tan de verdad,
que parecía mentira.

No.   145
Tengo que vivirlo dentro,
me lo tengo que soñar.
Quitar el color, el número,
el aliento todo fuego,
con que me quemó al decírmelo.   150
Convertir todo en acaso,
en azar puro, soñándolo.

152. Dice Elsa Dehennin: "Ainsi, le poète métamorphose et
authentifie la réalité dans le tréfonds de son être. Mais il ne se

Y así, cuando se desdiga
de lo que entonces me dijo,
no me morderá el dolor   155
de haber perdido una dicha
que yo tuve entre mis brazos,
igual que se tiene un cuerpo.
Creeré que fue soñado.
Que aquello, tan de verdad,   160
no tuvo cuerpo, ni nombre.
Que pierdo
una sombra, un sueño más.

MIEDO. De ti. Quererte
es el más alto riesgo.   165
Múltiples, tú y tu vida.
Te tengo, a la de hoy;
ya la conozco, entro
por laberintos, fáciles
gracias a ti, a tu mano.   170
Y míos ahora, sí.
Pero tú eres
tu propio más allá,
como la luz y el mundo:
días, noches, estíos,   175
inviernos sucediéndose.
Fatalmente, te mudas
sin dejar de ser tú,
en tu propia mudanza,
con la fidelidad   180
constante del cambiar.

Di, ¿podré yo vivir
en esos otros climas,

penche plus sur n'importe quel objet! Il se voue entièrement à
l'être le plus précieux de l'univers: *la femme aimée*, qui devient
comme le gage de son existence transcendente". (*Passion d'absolu et
tensión expressive dans l'œuvre poétique de Pedro Salinas*. Gand,
1957 (Romanica Gandensia, V). (P. 43).

o futuros, o luces
que estás elaborando, 185
como su zumo el fruto,
para mañana tuyo?
¿O seré sólo algo
que nació para un día
tuyo (mi día eterno), 190
para una primavera
(en mí florida siempre),
sin poder vivir ya
cuando lleguen
sucesivas en ti, 195
inevitablemente,
las fuerzas y los vientos
nuevos, las otras lumbres,
que esperan ya el momento
de ser, en ti, tu vida? 200

"MAÑANA." La palabra
iba suelta, vacante,
ingrávida, en el aire,
tan sin alma y sin cuerpo,
tan sin color ni beso, 205
que la dejé pasar
por mi lado, en mi hoy.
Pero de pronto tú
dijiste: "Yo, mañana..."
Y todo se pobló 210
de carne y de banderas.
Se me precipitaban
encima las promesas
de seiscientos colores,
con vestidos de moda, 215
desnudas, pero todas
cargadas de caricias.
En trenes o en gacelas
me llegaban —agudas,
sones de violines— 220

esperanzas delgadas
de bocas virginales.
O veloces y grandes
como buques, de lejos,
como ballenas   225
desde mares distantes,
inmensas esperanzas
de un amor sin final.
¡Mañana! Qué palabra
toda vibrante, tensa   230
de alma y carne rosada,
cuerda del arco donde
tú pusiste, agudísima,
arma de veinte años,
la flecha más segura   235
cuando dijiste: "Yo..."

Y súbita, de pronto,
porque sí, la alegría.
Sola, porque ella quiso,
vino. Tan vertical,   240
tan gracia inesperada,
tan dádiva caída,
que no puedo creer
que sea para mí.
Miro a mi alrededor,   245
busco. ¿De quién sería?
¿Será de aquella isla
escapada del mapa,
que pasó por mi lado
vestida de muchacha,   250
con espumas al cuello,
traje verde y un gran
salpicar de aventuras?
¿No se le habrá caído
a un tres, a un nueve, a un cinco   255
de este agosto que empieza?
¿O es la que vi temblar

detrás de la esperanza,
al fondo de una voz
que me decía: "No"?   260

Pero no importa, ya.
Conmigo está, me arrastra.
Me arranca del dudar.
Se sonríe, posible;
toma forma de besos,   265
de brazos, hacia mí;
pone cara de mía.
Me iré, me iré con ella
a amarnos, a vivir
temblando de futuro,   270
a sentirla de prisa,
segundos, siglos, siempres,
nadas. Y la querré
tanto, que cuando llegue
alguien   275
—y no se le verá,
no se le han de sentir
los pasos— a pedírmela
(es su dueño, era suya),
ella, cuando la lleven,   280
dócil, a su destino,
volverá la cabeza
mirándome. Y veré
que ahora sí es mía, ya.

¿Por qué tienes nombre tú,   285
día, miércoles?
¿Por qué tienes nombre tú,
tiempo, otoño?
Alegría, pena, siempre
¿por qué tenéis nombre: amor?   290

262. En el poema anterior, y en éste, ya empieza a dominar
el presente: "Conmigo está" ya. (Pero aún hay futuros —270).

Si tú no tuvieras nombre,
yo no sabría qué era,
ni cómo, ni cuándo. Nada.

¿Sabe el mar cómo se llama,
que es el mar? ¿Saben los vientos   295
sus apellidos, del Sur
y del Norte, por encima
del puro soplo que son?

Si tú no tuvieras nombre,
todo sería primero,   300
inicial, todo inventado
por mí,
intacto hasta el beso mío.
Gozo, amor: delicia lenta
de gozar, de amar, sin nombre.   305

Nombre, ¡qué puñal clavado
en medio de un pecho cándido
que sería nuestro siempre
si no fuese por su nombre!

¡AY!, cuántas cosas perdidas   310
que no se perdieron nunca.
Todas las guardabas tú.

Menudos granos de tiempo,
que un día se llevó el aire.
Alfabetos de la espuma,   315
que un día se llevó el mar.
Yo por perdidos los daba.

---

305. Véase nota a 684.
306. El "popularismo" de este verso, y otros, ha sido observado
por Pierre Darmangeat, *Pedro Salinas et La voz a ti debida*. Paris-
Toulouse, Librairie des Editions Espagnoles, 1955, p. 50-53.

Y por perdidas las nubes
que yo quise sujetar
en el cielo   320
clavándolas con miradas.
Y las alegrías altas
del querer, y las angustias
de estar aún queriendo poco,
y las ansias   325
de querer, quererte, más.
Todo por perdido, todo
en el haber sido antes,
en el no ser nunca, ya.

Y entonces viniste tú   330
de lo oscuro, iluminada
de joven paciencia honda,
ligera, sin que pesara
sobre tu cintura fina,
sobre tus hombros desnudos,   335
el pasado que traías
tú, tan joven, para mí.
Cuando te miré a los besos
vírgenes que tú me diste,
los tiempos y las espumas,   340
las nubes y los amores
que perdí estaban salvados.
Si de mí se me escaparon,
no fue para ir a morirse
en la nada.   345
En ti seguían viviendo.
Lo que yo llamaba olvido
eras tú.

Ahí, detrás de la risa,
ya no se te conoce.   350
Vas y vienes, resbalas
por un mundo de valses

helados, cuesta abajo;
y al pasar, los caprichos,
los prontos te arrebatan   355
besos sin vocación,
a ti. la momentánea
cautiva de lo fácil.
"¡Qué alegre!", dicen todos.
Y es que entonces estás   360
queriendo ser tu otra,
pareciéndote tanto
a ti misma, que tengo
miedo a perderte, así.

Te sigo. Espero. Sé   365
que cuando no te miren
túneles ni luceros,
cuando se crea el mundo
que ya sabe quién eres
y diga: "Sí, ya sé",   370
tú te desatarás,
con los brazos en alto,
por detrás de tu pelo,
la lazada, mirándome.
Sin ruido de cristal   375
se caerá por el suelo,
ingrávida careta
inútil ya, la risa.
Y al verte en el amor
que yo te tiendo siempre   380
como un espejo ardiendo,
tú reconocerás
un rostro serio, grave,
una desconocida
alta, pálida y triste,   385
que es mi amada. Y me quiere
por detrás de la risa.

361. *tú*, con acento, en la primera edición (Madrid, Signo, 1933).

Yo no necesito tiempo
para saber cómo eres:
conocerse es el relámpago. 390
¿Quién te va a ti a conocer
en lo que callas, o en esas
palabras con que lo callas?
El que te busque en la vida
que estás viviendo, no sabe 395
más que alusiones de ti,
pretextos donde te escondes.
Ir siguiéndote hacia atrás
en lo que tú has hecho, antes,
sumar acción con sonrisa, 400
años con nombres, será
ir perdiéndote. Yo no.
Te conocí en la tormenta.
Te conocí, repentina,
en ese desgarramiento 405
brutal de tiniebla y luz,
donde se revela el fondo
que escapa al día y la noche.
Te vi, me has visto, y ahora,
desnuda ya del equívoco, 410
de la historia, del pasado,
tú, amazona en la centella,
palpitante de recién
llegada sin esperarte,
eres tan antigua mía, 415
te conozco tan de tiempo,
que en tu amor cierro los ojos,
y camino sin errar,
a ciegas, sin pedir nada
a esa luz lenta y segura 420
con que se conocen letras
y formas y se echan cuentas

---

406. En la primera edición, *brutal* está en el verso anterior.
Tiene que ser una errata, porque se rompe la serie de octosílabos.

y se cree que se ve
quién eres tú, mi invisible.

¡QUÉ gran víspera el mundo!   425
No había nada hecho.
Ni materia, ni números,
ni astros, ni siglos, nada.
El carbón no era negro
ni la rosa era tierna.   430
Nada era nada, aún.
¡Qué inocencia creer
que fue el pasado de otros
y en otro tiempo, ya
irrevocable, siempre!   435
No, el pasado era nuestro:
no tenía ni nombre.
Podíamos llamarlo
a nuestro gusto: estrella,
colibrí, teorema,   440
en vez de así, "pasado";
quitarle su veneno.
Un gran viento soplaba
hacia nosotros minas,
continentes, motores.   445
¿Minas de qué? Vacías.
Estaban aguardando
nuestro primer deseo,
para ser en seguida
de cobre, de amapolas.   450
Las ciudades, los puertos
flotaban sobre el mundo,
sin sitio todavía:
esperaban que tú
les dijeses: "Aquí",   455
para lanzar los barcos,
las máquinas, las fiestas.
Máquinas impacientes

437. Véase nota a 684.

de sin destino, aún;
porque harían la luz   460
si tú se lo mandabas,
o las noches de otoño
si las querías tú.
Los verbos, indecisos,
te miraban los ojos   465
como los perros fieles,
trémulos. Tu mandato
iba a marcarles ya
sus rumbos, sus acciones.
¿Subir? Se estremecía   470
su energía ignorante.
¿Sería ir hacia arriba
"subir"? ¿E ir hacia dónde
sería "descender"?
Con mensajes a antípodas,   475
a luceros, tu orden
iba a darles conciencia
súbita de su ser,
de volar o arrastrarse.
El gran mundo vacío,   480
sin empleo, delante
de ti estaba: su impulso
se lo darías tú.
Y junto a ti, vacante,
por nacer, anheloso,   485
con los ojos cerrados,
preparado ya el cuerpo
para el dolor y el beso,
con la sangre en su sitio,
yo, esperando   490
—ay, si no me mirabas—
a que tú me quisieses
y me dijeras: "Ya."

PARA vivir no quiero
islas, palacios, torres.   495

¡Qué alegría más alta:
vivir en los pronombres!

Quítate ya los trajes,
las señas, los retratos;
yo no te quiero así,   500
disfrazada de otra,
hija siempre de algo.
Te quiero pura, libre,
irreductible: tú.
Sé que cuando te llame   505
entre todas las gentes
del mundo,
sólo tú serás tú.
Y cuando me preguntes
quién es el que te llama,   510
el que te quiere suya,
enterraré los nombres,
los rótulos, la historia.
Iré rompiendo todo
lo que encima me echaron   515
desde antes de nacer.
Y vuelto ya al anónimo
eterno del desnudo,
de la piedra, del mundo,
te diré: 520
"Yo te quiero, soy yo."

497. " 'Pronombres': palabra esqueléticamente gramatical, que ha
empleado —no sin resonancia irónica— el poeta ingenioso. Los pro-
nombres Yo, Tú, ¿son entes metafísicos? Estas condensaciones monosi-
lábicas nos sitúan frente a los amantes en una profundidad de
esencia que jamás abandona su existencia". (Jorge Guillén, "Poesía
de Pedro Salinas". *Buenos Aires Literaria*, 13, Octubre, 1953, p. 32-
53).
    504. Hay un perpetuo diálogo entre el "yo" —amante— y el "tú"
—amada. Diálogo raramente directo. Casi siempre rememorado o
supuesto desde el ángulo del "yo". "Yo" que persiste en negar la
visión objetiva del "tú" y de los ambientes y circunstancias que lo
acompañan para encastillarse en una pasión subjetiva por lo abso-
luto, independiente de formas y presencias. Nos hallamos ante un
universo inmanente que sólo el poeta es capaz de percibir". (J. F. Ci-
rre, "Pedro Salinas y su poética". En: *Homenaje a Rodríguez-
Moñino*. Madrid, Castalia, 1966, I, p. 93).
    517. Véase nota a 684.

DE prisa, la alegría,
atropellada, loca.
Bacante disparada
del arco más casual   525
contra el cielo y el suelo.
La física, asustada,
tiene miedo; los trenes
se quedan más atrás
aún que los aviones   530
y que la luz. Es ella,
velocísima, ciega
de mirar, sin ver nada,
y querer lo que ve.
Y no quererlo ya.   535
Porque se desprendió
del quiero, del deseo,
y ebria toda en su esencia,
no pide nada, no
va a nada, no obedece   540
a bocinas, a gritos,
a amenazas. Aplasta
bajo sus pies ligeros
la paciencia y el mundo.
Y lo llena de ruinas   545
—órdenes, tiempo, penas—
en una abolición
triunfal, total, de todo
lo que no es ella, pura
alegría, alegría   550
altísima, empinada
encima de sí misma.

Tan alta de esforzarse,
que ya se está cayendo,
doblada como un héroe,   555
sobre su hazaña inútil.
Que ya se está muriendo
consumida, deshecha

en el aire, perfecta
combustión de su ser.　　　　560
Y no dejará humo,
ni cadáver, ni pena
—memoria de haber sido—.
Y nadie la sabrá, nadie,
porque ella sola　　　　565
supo de sí. Y ha muerto.

TODO dice que sí.
Sí del cielo, lo azul,
y sí, lo azul del mar;
mares, cielos, azules　　　　570
con espumas y brisas,
júbilos monosílabos
repiten sin parar.
Un sí contesta sí
a otro sí. Grandes diálogos　　　　575
repetidos se oyen
por encima del mar
de mundo a mundo: sí.
Se leen por el aire
largos síes, relámpagos　　　　580
de plumas de cigüeña,
tan de nieve, que caen,
copo a copo, cubriendo
la tierra de un enorme,
blanco sí. Es el gran día.　　　　585
Podemos acercarnos
hoy a lo que no habla:
a la peña, al amor,
al hueso tras la frente:
son esclavos del sí.　　　　590
Es la sola palabra
que hoy les concede el mundo.
Alma, pronto, a pedir,

567. Recuérdese a Jorge Guillén, su afirmación entusiasta. Todo es felicidad ahora para Salinas.

a aprovechar la máxima
locura momentánea,   595
a pedir esas cosas
imposibles, pedidas,
calladas, tantas veces,
tanto tiempo, y que hoy
pediremos a gritos.   600
Seguros por un día
—hoy, nada más que hoy—
de que los "no" eran falsos,
apariencias, retrasos,
cortezas inocentes.   605
Y que estaba detrás,
despacio, madurándose,
al compás de este ansia
que lo pedía en vano,
la gran delicia: el sí.   610

AMOR, amor, catástrofe.
¡Qué hundimiento del mundo!
Un gran horror a techos
quiebra columnas, tiempos;
los reemplaza por cielos   615
intemporales. Andas, ando
por entre escombros
de estíos y de inviernos
derrumbados. Se extinguen
las normas y los pesos.   620
Toda hacia atrás la vida
se va quitando siglos,
frenética, de encima;
desteje, galopando,
su curso, lento antes;   625

---

611. Esto está muy lejos de *La destrucción o el amor*, de Vicente Aleixandre. Ahora, los amantes destruyen el mundo, pero para fundarlo de nuevo por el Amor. Los amantes son ahora los Supremos Hacedores, sobre todo Ella.

se desvive de ansia
de borrarse la historia,
de no ser más que el puro
anhelo de empezarse
otra vez. El futuro   630
se llama ayer. Ayer
oculto, secretísimo,
que se nos olvidó
y hay que reconquistar
con la sangre y el alma,   635
detrás de aquellos otros
ayeres conocidos.
¡Atrás y siempre atrás!
¡Retrocesos, en vértigo,
por dentro, hacia el mañana!   640
¡Que caiga todo! Ya
lo siento apenas. Vamos,
a fuerza de besar,
inventando las ruinas
del mundo, de la mano   645
tú y yo
por entre el gran fracaso
de la flor y del orden.
Y ya siento entre tactos,
entre abrazos, tu piel,   650
que me entrega el retorno
al palpitar primero,
sin luz, antes del mundo,
total, sin forma, caos.

¡Qué día sin pecado!   655
La espuma, hora tras hora,
infatigablemente,
fue blanca, blanca, blanca.
Inocentes materias,
los cuerpos y las rocas   660
—desde cenit total,
mediodía absoluto—

estaban
viviendo de la luz,
y por la luz y en ella.   665
Aún no se conocían
la conciencia y la sombra.
Se tendía la mano
a coger una piedra,
una nube, una flor,   670
un ala.
Y se las alcanzaba
a todas, porque era
antes de las distancias.
El tiempo no tenía   675
sospechas de ser él.
Venía a nuestro lado,
sometido y elástico.
Para vivir despacio,
de prisa, le decíamos: 680
"Para", o "Echa a correr."
Para vivir, vivir
sin más, tú le decías:
"Vete."
Y entonces nos dejaba   685
ingrávidos, flotantes
en el puro vivir
sin sucesión,
salvados de motivos,
de orígenes, de albas.   690
Ni volver la cabeza
ni mirar a lo lejos
aquel día supimos

---

676. Véase nota a 684.
    684 (y 676). Dice Juan Ramón Jiménez: "Vivo, libre, / en el
centro / de mí mismo. / Me rodea un momento / infinito, con todo
—sin nombres / aun o ya— / ¡Eterno!". (No quisiéramos apartar
esta cita del contexto de donde la hemos sacado, que es: Paul R.
Olson, *Circle of Paradox*. Baltimore, Maryland, The Johns Hopkins
Press, 1967, p. 131). Lo opuesto sería: "Pero quedan los nombres".
(Guillén). Percibimos un matiz de resignación en esta frase de
Guillén.

tú y yo. No nos hacía
falta. Besarnos, sí.   695
Pero con unos labios
tan lejos de su causa,
que lo estrenaban todo,
beso, amor, al besarse,
sin tener que pedir   700
perdón a nadie, a nada.

¡Sí, todo con exceso:
la luz, la vida, el mar!
Plural todo, plural,
luces, vidas y mares.   705
A subir, a ascender
de docenas a cientos,
de cientos a millar,
en una jubilosa
repetición sin fin   710
de tu amor, unidad.
Tablas, plumas y máquinas,
todo a multiplicar,
caricia por caricia,
abrazo por volcán.   715
Hay que cansar los números.
Que cuenten sin parar,
que se embriaguen contando,
y que no sepan ya
cuál de ellos será el último: 720
¡que vivir sin final!
Que un gran tropel de ceros
asalte nuestras dichas
esbeltas, al pasar,
y las lleve a su cima.   725
Que se rompan las cifras,

702. Hacia el clímax. Valdría la pena comparar este poema con el de Guillén. "Salvación de la primavera", de *Cántico*. Los dos poemas siguientes: "Extraviadamente" y "Qué alegría, vivir", implican una definición del amor, según Salinas.

sin poder calcular
ni el tiempo ni los besos.
Y al otro lado ya
de cómputos, de sinos,   730
entregarnos a ciegas
—¡exceso, qué penúltimo!—
a un gran fondo azaroso
que irresistiblemente
está   735
cantándonos a gritos
fúlgidos de futuro:
"Eso no es nada, aún.
Buscáos bien, hay más."

EXTRAVIADAMENTE   740
amantes, por el mundo.
¡Amar! ¡Qué confusión
sin par! ¡Cuántos errores!
Besar rostros en vez
de máscaras amadas.   745
Universo en equívocos:
minerales en flor,
bogando por el cielo,
sirenas y corales
en las nieves perpetuas,   750
y en el fondo del mar,
constelaciones ya
fatigadas, las tránsfugas
de la gran noche huérfana,
donde mueren los buzos.   755
Los dos. ¡Qué descarrío!
¿Este camino, el otro,
aquél? Los mapas, falsos,
trastornando los rumbos,
juegan a nuestra pérdida,   760
entre riesgos sin faro.
Los días y los besos
andan equivocados:
no acaban donde dicen.

765

Pero para querer
hay que embarcarse en todos
los proyectos que pasan,
sin preguntarles nada,
llenos, llenos de fe
en la equivocación   770
de ayer, de hoy, de mañana,
que no puede faltar.
De alegría purísima
de no atinar, de hallarnos
en umbrales, en bordes   775
trémulos de victoria,
sin ganas de ganar.
Con el júbilo único
de ir viviendo una vida
inocente entre errores,   780
y que no quiere más
que ser, querer, quererse
en la gran altitud
de un amor que va ya
queriéndose   785
tan desprendidamente
de aquello que no es él,
que va ya por encima
de triunfos o derrotas,
embriagado en la pura   790
gloria de su acertar.

Qué alegría, vivir
sintiéndose vivido.
Rendirse
a la gran certidumbre, oscuramente,   795
de que otro ser, fuera de mí, muy lejos,
me está viviendo.
Que cuando los espejos, los espías
—azogues, almas cortas—, aseguran
que estoy aquí, yo, inmóvil,   800

799. En la primera edición no hay paréntesis. Pero sí en *Poesía junta* y ediciones siguientes.

En primer término: Pedro Salinas, Ignacio Sánchez Mejías y Jorge Guillén; detrás: Antonio Marichalar, José Bergamín, Corpus Barga, Vicente Aleixandre, Federico y Dámaso Alonso

Tumba de Pedro Salinas en el cementerio de
Santa Magdalena en San Juan de Puerto Rico.

con los ojos cerrados y los labios,
negándome al amor
de la luz, de la flor y de los nombres,
la verdad trasvisible es que camino
sin mis pasos, con otros,   805
allá lejos, y allí
estoy besando flores, luces, hablo.
Que hay otro ser por el que miro el mundo
porque me está queriendo con sus ojos.
Que hay otra voz con la que digo cosas   810
no sospechadas por mi gran silencio;
y es que también me quiere con su voz.
La vida —¡qué transporte ya!—, ignorancia
de lo que son mis actos, que ella hace,
en que ella vive, doble, suya y mía.   815
Y cuando ella me hable
de un cielo oscuro, de un paisaje blanco,
recordaré
estrellas que no vi, que ella miraba,
y nieve que nevaba allá en su cielo.   820
Con la extraña delicia de acordarse
de haber tocado lo que no toqué
sino con esas manos que no alcanzo
a coger con las mías, tan distantes.
Y todo enajenado podrá el cuerpo   825
descansar, quieto, muerto ya. Morirse
en la alta confianza
de que este vivir mío no era sólo
mi vivir: era el nuestro. Y que me vive
otro ser por detrás de la no muerte.   830

Afán
para no separarme
de ti, por tu belleza.

Lucha
por no quedar en donde quieres tú: 835

aquí, en los alfabetos,
en las auroras, en los labios.

Ansia
de irse dejando atrás
anécdotas, vestidos y caricias,   840
de llegar,
atravesando todo
lo que en ti cambia,
a lo desnudo y a lo perdurable.

Y mientras siguen   845
dando vueltas y vueltas, entregándose,
engañándose,
tus rostros, tus caprichos y tus besos,
tus delicias volubles, tus contactos
rápidos con el mundo,   850
haber llegado yo
al centro puro, inmóvil, de ti misma.
Y verte cómo cambias
—y lo llamas vivir—
en todo, en todo, sí,   855
menos en mí, donde te sobrevives.

Yo no puedo darte más.
No soy más que lo que soy.

¡Ay, cómo quisiera ser
arena, sol, en estío!   860
Que te tendieses
descansada a descansar.
Que me dejaras

---

856. Ella quiere tirar de El hacia la carne, hacia la materia.
Pero a El le preocupa la *supervivencia*.

tu cuerpo al marcharte, huella
tierna, tibia, inolvidable.   865
Y que contigo se fuese
sobre ti, mi beso lento:
color,
desde la nuca al talón,
moreno.   870

¡Ay, cómo quisiera ser
vidrio, o estofa o madera
que conserva su color
aquí, su perfume aquí,
y nació a tres mil kilómetros!   875
Ser
la materia que te gusta,
que tocas todos los días
y que ves ya sin mirar
a tu alrededor, las cosas   880
—collar, frasco, seda antigua—
que cuando tú echas de menos
preguntas: "¡Ay!, ¿dónde está?"

¡Y, ay, cómo quisiera ser
una alegría entre todas,   885
una sola, la alegría
con que te alegraras tú!
Un amor, un amor solo:
el amor del que tú te enamorases.

Pero   890
no soy más que lo que soy.

DESPIERTA. El día te llama
a tu vida: tu deber.

892. Ante este poema tenemos que recordar a Guillén; baste con
"Más allá", de *Cántico*. Compárese: "Ponte en pie, afirma la recta
/ voluntad simple de ser..." (900-901) con: "Alzarse con el ser, /
Y a la fuerza fundirse / Con la sonoridad / Máz tenaz: sí, sí, sí..."

Y nada más que a vivir.
Arráncale ya a la noche   895
negadora y a la sombra
que lo celaba ese cuerpo
por quien aguarda la luz
de puntillas, en el alba.
Ponte en pie, afirma la recta   900
voluntad simple de ser
pura virgen vertical.
Tómale el temple a tu cuerpo.
¿Frío, calor? Lo dirá
tu sangre contra la nieve   905
de detrás de la ventana;
lo dirá
el color en tus mejillas.
Y mira al mundo. Y descansa
sin más hacer que añadir   910
tu perfección a otro día.
Tu tarea
es llevar tu vida en alto,
jugar con ella, lanzarla
como una voz a las nubes,   915
a que recoja las luces
que se nos marcharon ya.
Ese es tu sino: vivirte.
No hagas nada.
Tu obra eres tú, nada más.   920

LA luz lo malo que tiene
es que no viene de ti.
Es que viene de los soles,
de los ríos, de la oliva.
Quiero más tu oscuridad.   925

La alegría
no es nunca la misma mano
la que me la da. Hoy es una,

otra mañana, otra ayer.
Pero jamás es la tuya.   930
Por eso siempre te tomo
la pena, lo que me das.
Los besos los traen los hilos
del telégrafo, los roces
con noches densas,   935
los labios del porvenir.
Y vienen, de donde vienen.
Yo no me siento besar.

Y por eso no lo quiero,
ni se lo quiero deber   940
no sé a quién.
A ti debértelo todo
querría yo.
¡Qué hermoso el mundo, qué entero,
si todo, besos y luces,   945
y gozo,
viniese sólo de ti!

¿REGALO, don, entrega?
Símbolo puro, signo
de que me quiero dar.   950
Qué dolor, separarme
de aquello que te entrego
y que te pertenece
sin más destino ya
que ser tuyo, de ti,   955
mientras que yo me quedo
en la otra orilla, solo,
todavía tan mío.
Cómo quisiera ser
eso que yo te doy   960
y no quien te lo da.

947. Parece que ya ha empezado la separación física de los
amantes.

Cuando te digo:
"Soy tuyo, sólo tuyo",
tengo miedo a una nube,
a una ciudad, a un número   965
que me pueden robar
un minuto al amor
entero a ti debido.
¡Ah!, si fuera la rosa
que te doy; la que estuvo   970
en riesgo de ser otra
y no para tus manos,
mientras no llegué yo.
La que no tendrá ahora
más futuro que ser   975
con tu rosa, mi rosa,
vivida en ti, por ti,
en su olor, en su tacto.
Hasta que tú la asciendas
sobre su deshojarse   980
a un recuerdo de rosa,
segura, inmarcesible,
puesta ya toda a salvo
de otro amor u otra vida
que los que vivas tú.   985

EL sueño es una larga
despedida de ti.
¡Qué gran vida contigo,
en pie, alerta en el sueño!
¡Dormir el mundo, el sol,   990
las hormigas, las horas,
todo, todo dormido,

---

987. Separación de los amantes. El poeta confunde, tal vez con
intención de irrealizar ya, los dos sentidos de *sueño:* "sleep" y
"dream" (dormir y ensoñación). Después, en el mismo poema, Sali-
nas adopta una actitud completamente anti-guilleniana (desde 1018):
Ella vuelve a la vida real y El no quiere salir del sueño ("dream").
El día es un error. En los dos poemas siguientes hay un reproche al
tiempo y al espacio (físicos) de Ella.

en el sueño que duermo!
Menos tú, tú la única,
viva, sobrevivida,   995
en el sueño que sueño.

Pero sí, despedida :
voy a dejarte. Cerca,
la mañana prepara
toda su precisión   1000
de rayos y de risas.
¡Afuera, afuera, ya,
lo soñado, flotante,
marchando sobre el mundo,
sin poderlo pisar   1005
porque no tiene sitio,
desesperadamente!

Te abrazo por vez última :
eso es abrir los ojos.
Ya está. Las verticales   1010
entran a trabajar,
sin un desmayo, en reglas.
Los colores ejercen
sus oficios de azul,
de rosa, verde, todos   1015
a la hora en punto. El mundo
va a funcionar hoy bien :
me ha matado ya el sueño.
Te siento huir, ligera,
de la aurora, exactísima,   1020
hacia arriba, buscando
la que no se ve estrella,
el desorden celeste,
que es sólo donde cabes.
Luego, cuando despierto,   1025
no te conozco, casi,
cuando, a mi lado, tiendes

los brazos hacia mí
diciendo: "¿Qué soñaste?"
Y te contestaría: "No sé,   1030
se me ha olvidado",
si no estuviera ya
tu cuerpo limpio, exacto,
ofreciéndome en labios
el gran error del día.   1035

¡QUÉ cruce en tu muñeca
del tiempo contra el tiempo!
Reló, frío, enroscado,
acechador, espera
el paso de tu sangre   1040
en el pulso. Te oprimen
órdenes, desde fuera:
tic tac, tic tac,
la voz, allí, en la máquina.
A tu vida infinita,   1045
sin término, echan lazos
pueriles los segundos.
Pero tu corazón
allá lejos afirma
—sangre yendo y viniendo   1050
en ti, con tu querer—
su ser, su ritmo, otro.
No. Los días, el tiempo,
no te serán contados
nunca en esfera blanca,   1055
tres, cuatro, cinco, seis.
Tus perezas, tus prontos,
tu gran ardor sin cálculo,
no se pueden cifrar.
Siéntelos tú, desnuda   1060
de reló, en la muñeca:
latido contra número.
¿Amor? ¿Vivir? Atiende

al tic tac diminuto
que hace ya veinte años   1065
sonó por vez primera
en una carne virgen
del tacto de la luz,
para llevarle al mundo.
una cuenta distinta,   1070
única, nueva: tú.

CUANDO cierras los ojos,
tus párpados son aire.
Me arrebatan:
me doy contigo, adentro.   1075

No se ve nada, no
se oye nada. Me sobran
los ojos y los labios,
en este mundo tuyo.
Para sentirte a ti   1080
no sirven
los sentidos de siempre,
usados con los otros.
Hay que esperar los nuevos.
Se anda a tu lado   1085
sordamente, en lo oscuro,
tropezando en acasos,
en vísperas; hundiéndose
hacia arriba
con un gran peso de alas.   1090

Cuando vuelves a abrir
los ojos, yo me vuelvo
afuera, ciego ya,
tropezando también,
sin ver, tampoco, aquí.   1095
Sin saber más vivir
ni en el otro, en el tuyo,
ni en este

mundo descolorido
en donde yo vivía.   1100
Inútil, desvalido
entre los dos.
Yendo, viniendo
de uno a otro
cuando tú quieres,   1105
cuando abres, cuando cierras
los párpados, los ojos.

HORIZONTAL, sí, te quiero.
Mírale la cara al cielo,
de cara. Déjate ya   1110
de fingir un equilibrio
donde lloramos tú y yo.
Ríndete
a la gran verdad final,
a lo que has de ser conmigo,   1115
tendida ya, paralela,
en la muerte o en el beso.
Horizontal es la noche
en el mar, gran masa trémula
sobre la tierra acostada,   1120
vencida sobre la playa.
El estar de pie, mentira:
sólo correr o tenderse.
Y lo que tú y yo queremos
y el día—ya tan cansado   1125
de estar con su luz, derecho—
es que nos llegue, viviendo
y con temblor de morir,
en lo más alto del beso,

1108. Este poema, "Horizontal...", merece especial atención. Sigue
el reproche que vimos en la nota anterior: "déjate ya de fingir...",
y aparece una gran "verdad final" (1114), en la que se mezcla la
muerte y la vida. Quedan los comentarios subsiguientes a gusto del
lector.

ese quedarse rendidos   1130
por el amor más ingrávido,
al peso de ser de tierra,
materia, carne de vida.
En la noche y la trasnoche,
y el amor y es trasamor,   1135
ya cambiados
en horizontes finales,
tú y yo, de nosotros mismos.

EMPÚJAME, lánzame
desde ti, de tus mejillas,   1140
como de islas de coral,
a navegar, a irme lejos
para buscarte, a buscar
fuera de ti lo que tienes,
lo que no me quieres dar.   1145

Para quedarte tú sola,
invéntame selvas vírgenes
con árboles de metal
y azabache; yo iré a ellas
y veré que no eran más   1150
que collares que pensabas.
Invítame a resplandores
y destellos, a lo lejos,
negros, blancos, sonriendo
de niñez. Los buscaré.   1155

1143 (y 1449). *"Buscar!* Ce n'est pas un hasard si ce verbe est un mot-clef de la poésie salinienne. L'amant nous parle longuement de ses tentatives de conquête, non seulement parce qu'elles échouent si souvant —franchir l'absolu est un privilège surhumain—, mais parce que le destin veut que l'homme, en redécouvrant toujours la même *essence,* pénètre toujours le plus l'*infini* de l'*existence".* (Dehennin. *Op. cit.,* p. 45). Ahora ya aparecen futuros (no de espera sino de esperanza) y pretéritos en busca del tiempo perdido, o ganado. Los pretéritos abundan ya en el poema siguiente: "Ya no puedo encontrarte...".

Marcharé días y días,
y al llegar a donde están,
descubriré tus sonrisas
anchas, tus miradas claras.
Eso   1160
era lo que allá, distante,
estaba viendo brillar.
De tanto y tanto viaje
nunca esperes que te traiga
más mundos, más primaveras   1165
que esas que tú te defiendes
contra mí. El ir y venir
a los siglos, a las minas,
a los sueños, es inútil.
De ti salgo siempre, siempre   1170
tengo que volver a ti.

YA no puedo encontrarte
allí en esa distancia, precisa con su nombre,
donde estabas ausente.
Por venir a buscarme   1175
la abandonaste ya. Saliste de tu ausencia,
y aún no te veo y no sé dónde estás.
En vano iría en busca tuya allí
adonde tanto fue mi pensamiento
a sorprender tu sueño, o tu risa, o tu juego   1180
No están ya allí, que tú te los llevaste;
te los llevaste, sí, para traérmelos,
pero andas todavía
entre el aquí, el allí. Tienes mi alma
suspensa toda sobre el gran vacío,   1185
sin poderte besar el cuerpo cierto
que va a llegar,
escapada también tu forma ausente
que aún no llegó de la sabida ausencia
donde nos reuníamos, soñando.   1190
Tu sola vida es un querer llegar.
En tu tránsito vives, en venir hacia mí,

no en el mar, ni en la tierra, ni en el aire
que atraviesas ansiosa con tu cuerpo
como si viajaras.   1195
Y yo, perdido, ciego,
no sé con qué alcanzarte, en donde estés,
si con abrir la puerta nada más,
o si con gritos; o si sólo
me sentirás, te llegará mi ansia,   1200
en la absoluta espera inmóvil
del amor, inminencia, gozo, pánico,
sin otras alas que silencios, alas.

No, no te quieren, no.
Tú sí que estás queriendo.   1205

El amor que te sobra
se lo reparten seres
y cosas que tú miras,
que tú tocas, que nunca
tuvieron amor antes.   1210
Cuando dices: "Me quieren
los tigres o las sombras"
es que estuviste en selvas
o en noches, paseando
tu gran ansia de amar.   1215
No sirves para amada;
tú siempre ganarás,
queriendo, al que te quiera.
Amante, amada no.
Y lo que yo te dé,   1220
rendido, aquí, adorándote,
tú misma te lo das:
es tu amor implacable,
sin pareja posible,
que regresa a sí mismo   1225
a través de este cuerpo
mío, transido ya
del recuerdo sin fin,

sin olvido, por siempre,
de que sirvió una vez   1230
para que tú pasaras
por él—aún siento el fuego—
ciega, hacia tu destino.
De que un día entre todos
llegaste   1235
a tu amor por mi amor.

Lo que eres
me distrae de lo que dices.

Lanzas palabras veloces,
empavesadas de risas,   1240
invitándome
a ir adonde ellas me lleven.
No te atiendo, no las sigo:
estoy mirando
los labios donde nacieron.   1245

Miras de pronto a lo lejos.
Clavas la mirada allí,
no sé en qué, y se te dispara
a buscarlo ya tu alma
afilada, de saeta.   1250
Yo no miro adonde miras:
yo te estoy viendo mirar.

Y cuando deseas algo
no pienso en lo que tú quieres,
ni lo envidio: es lo de menos.   1255
Lo quieres hoy, lo deseas;
mañana lo olvidarás
por una querencia nueva.
No. Te espero más allá
de los fines y los términos,   1260

En lo que no ha de pasar
me quedo, en el puro acto
de tu deseo, queriéndote.
Y no quiero ya otra cosa
más que verte a ti querer.   1265

Los cielos son iguales.
Azules, grises, negros,
se repiten encima
del naranjo o la piedra:
nos acerca mirarlos.   1270
Las estrellas suprimen,
de lejanas que son,
las distancias del mundo.
Si queremos juntarnos,
nunca mires delante: 1275
todo lleno de abismos,
de fechas y de leguas.
Déjate bien flotar
sobre el mar o la hierba,
inmóvil, cara al cielo.   1280
Te sentirás hundir
despacio, hacia lo alto,
en la vida del aire.
Y nos encontraremos
sobre las diferencias   1285
invencibles, arenas,
rocas, años, ya solos,
nadadores celestes,
náufragos de los cielos.

Ayer te besé en los labios.   1290
Te besé en los labios. Densos,
rojos. Fue un beso tan corto

1290 (y 1318). Ya domina el pasado.

que duró más que un relámpago,
que un milagro, más.
El tiempo   1295
después de dártelo
no lo quise para nada
ya, para nada
lo había querido antes.
Se empezó, se acabó en él.   1300

Hoy estoy besando un beso;
estoy solo con mis labios.
Los pongo
no en tu boca, no, ya no
—¿adónde se me ha escapado?—.   1305
Los pongo
en el beso que te di
ayer, en las bocas juntas
del beso que se besaron.
Y dura este beso más   1310
que el silencio, que la luz.
Porque ya no es una carne
ni una boca lo que beso,
que se escapa, que me huye.
No.   1315
Te estoy besando más lejos.

Me debía bastar
con lo que ya me has dado.
Y pido más, y más.
Cada belleza tuya   1320
me parece el extremo
cumplirse de ti misma:
tú nunca podrás dar
otra cosa de ti
más perfecta. Se cierran   1325

1318. Véase nota a 1290.

sin misión, ya, los ojos
a una luz, ya, sobrante.
Tal como me la diste,
la vida está completa:
tú, terminada ya.   1330

Y de pronto se siente,
cuando ya te acababas
en asunción de ti,
que en tu mismo final,
renacida, te empiezas   1335
otra vez. Y que el don
de esa hermosura tuya
te abre
—límpida, insospechada—
otra hermosura nueva: 1340
parece la primera.
Porque tu entrega es
reconquista de ti,
vuelta hacia adentro, aumento.
Por eso   1345
pedirte que me quieras
es pedir para ti;
es decirte que vivas,
que vayas
más allá todavía   1350
por las minas
últimas de tu ser.
La vida que te imploro
a ti, la inagotable,
te la alumbro, al pedírtela.   1355
Y no te acabaré
por mucho que te pida
a ti, infinita, no.
Yo sí me iré acabando,
mientras tú, generosa,   1360
te renuevas y vives
devuelta a ti, aumentada
en tus dones sin fin.

¡Qué entera cae la piedra!
Nada disiente en ella   1365
de su destino, de su ley: el suelo.
No te expliques tu amor, ni me lo expliques;
obedecerlo basta. Cierra
los ojos, las preguntas, húndete
en tu querer, la ley anticipando   1370
por voluntad, llenándolo de síes,
de banderas, de gozos,
ese otro hundirse que detrás aguarda,
de la muerte fatal. Mejor no amarse
mirándose en espejos complacidos,   1375
deshaciendo
esa gran unidad en juegos vanos;
mejor no amarse
con alas, por el aire,
como las mariposas o las nubes,   1380
flotantes. Busca pesos,
los más hondos, en ti, que ellos te arrastren
a ese gran centro donde yo te espero.
Amor total, quererse como masas.

La forma de querer tú   1385
es dejarme que te quiera.
El sí con que te me rindes
es el silencio. Tus besos
son ofrecerme los labios
para que los bese yo.   1390
Jamás palabras, abrazos,
· me dirán que tú existías,
que me quisiste: jamás.
Me lo dicen hojas blancas,
mapas, augurios, teléfonos;   1395
tú, no.
Y estoy abrazado a ti
sin preguntarte, de miedo
a que no sea verdad

que tú vives y me quieres.   1400
Y estoy abrazado a ti
sin mirar y sin tocarte.
No vaya a ser que descubra
con preguntas, con caricias,
esa soledad inmensa   1405
de quererte sólo yo.

¡QUÉ probable eres tú!
Si los ojos me dicen,
mirándote, que no,
que no eres de verdad,   1410
las manos y los labios,
con los ojos cerrados,
recorren tiernas pruebas:
la lenta convicción
de tu ser va ascendiendo   1415
por escala de tactos,
de bocas, carne y carne.
Si tampoco lo creo,
algo más denso ya,
más palpable, la voz   1420
con que dices: "Te quiero",
lucha para afirmarte
contra mi duda. Al lado

1405. El amante ya está solo (¿física o mentalmente hablando?).
¿Desmiente esta afirmación el poema siguiente: "¡Qué probable eres
tú!"? Decida el lector.
1407. "Le poème central de *La Voz a ti debida*, par example,
nous fait revivre avec le poète le moment suprême où l'aimée naît
surréellement dans tout l'éclat de son être. Rien dans les premiers
vers de ce poème ne prédisait pourtant un tel triomphe. *¡Qué pro-
bable eres tú!* voilà l'exclamation sceptique de l'amant, qui ne se
fie pas aux perceptions sensorielles, parce que ni la vue, ni le tou-
cher, ni même l'ouïe ne lui donnent la sensation d'une authentique
présence. Une fois de plus, les doutes le déchirent... L'aimée, elle
aussi, lutte contre les hésitations du poète et veut s'immiscer dans sa
vie intime et méthaphysique par des baisers passionnés et charnels.
En vain, semble-t-il. Puis, soudain, se produit le miracle ardemment
espéré: *tú* surgit de la confusion de leur grand amour spiritualiste.
Et les doutes fondent sous l'éclat de l'*irréfutable tú*". (Dehennin.
Op. cit., p. 46).

un cuerpo besa, abraza,
frenético, buscándose   1425
su realidad aquí,
en mí, que no la creo;
besa
para lograr su vida
todavía indecisa,   1430
puro milagro, en mí.
Y lentamente vas
formándote tú misma,
naciéndote,
dentro de tu querer,   1435
de mi querer, confusos,
como se forma el día
en la gran duda oscura.
Y agoniza la antigua
criatura dudosa   1440
que tú dejas atrás,
inútil ser de antes,
para que surja al fin
la irrefutable tú,
desnuda Venus cierta,   1445

1434. "La atracción nueva de un valor anhelado tiene como consecuencia el continuo abandono de un valor ya dado" (cita de Max Scheler) y al alcanzar la imagen a que se aspira, la imagen de ayer queda abandonada en el tiempo". (Julieta Gómez Paz, "El amor en la poesía de Pedro Salinas". *Buenos Aires literaria*, 13, Octubre, 1953, p. 58).

1445. "Voilà que Salinas donne à l'aimée le nom de Venus, le seul qu'il lui ait jamais donné; et on devine sans difficulté pourquoi il a choisi ce nom mythologique: N'est-ce pas par l'amour que l'aimée s'est élevée sur un plan tellement supérieur au monde humain qu'elle semble vivre dans un monde mytique et s'identifier à la déesse Amour?

"Quoique la métamorphose mystèrieuse de *tú probable* en *Venus cierta* se vérifie devant le lecteur, il pourrait être tenté de se demander, avec Spitzer, comme cette naissance par la fusion est soudainement possible. Le problème est faux, croyons-nous. Cette naissance est à la fois naturelle et miraculeuse, donc inexplicable. *Venus cierta*, créature intime et transréelle, est le fruit d'une étrange fusion d'amour et d'une inextinguible désir d'être. Et il serait vain de chercher une explication tant soit peu intellectuelle". (Dehennin. *Op. cit.*, p. 47).

entre auroras seguras,
que se gana a sí misma
su nuevo ser, queriéndome.

PERDÓNAME por ir así buscándote
tan torpemente, dentro   1450
de ti.
Perdóname el dolor, alguna vez.
Es que quiero sacar
de ti tu mejor tú.
Ese que no te viste y que yo veo,   1455
nadador por tu fondo, preciosísimo.
Y cogerlo
y tenerlo yo en alto como tiene
el árbol la luz última
que le ha encontrado al sol.   1460
Y entonces tú
en su busca vendrías, a lo alto.
Para llegar a él
subida sobre ti, como te quiero,
tocando ya tan sólo a tu pasado   1465
con las puntas rosadas de tus pies,
en tensión todo el cuerpo, ya ascendiendo
de ti a ti misma.

1451. Véase 207: "Torpemente el amor busca".

1454. "el amor mismo es quien hace que, con perfecta continuidad y en el curso de su movimiento, emerja en el objeto el valor más alto". (Julieta Gómez Paz, citando a Scheler, en el *Loc. cit.*, p. 59).

1467. Hemos visto citas de Max Scheler. Citemos ahora a José Ortega y Gasset: "... Es, en cambio, egregio el que desestima lo que halla sin previo esfuerzo en su mente, y sólo acepta como digno de él lo que aún está por encima de él y exige un nuevo estirón para alcanzarlo". (*La rebelión de las masas*. VII. "Vida noble y vida vulgar, o esfuerzo e inercia").

"Cada fisonomía suscita, como en mística fosforescencia, su propio, único, exclusivo ideal. Cuando Rafael dice que él pinta no lo que ve, sino "una certa idea che mi viene in mente", no se entienda la idea platónica que excluye la diversidad inagotable y multiforme de lo real. No; cada cosa al nacer trae su intransferible ideal".

Y que a mi amor entonces le conteste
la nueva criatura que tú eras.   1470

¿HABLAMOS, desde cuándo?
¿Quién empezó? No sé.
Los días, mis preguntas;
oscuras, anchas, vagas
tus respuestas: las noches.   1475
Juntándose una a otra
forman el mundo, el tiempo
para ti y para mí.
Mi preguntar hundiéndose
con la luz en la nada,   1480
callado,
para que tú respondas
con estrellas equívocas;
luego, reciennaciéndose
con el alba, asombroso   1485
de novedad, de ansia
de preguntar lo mismo
que preguntaba ayer,
que respondió la noche
a medias, estrellada.   1490
Los años y la vida,
¡qué diálogo angustiado!

"¡Cuántas veces nos sorprendemos anhelando que nuestro prójimo
haga esto o lo otro porque vemos con extraña evidencia que así com-
pletaría su personalidad!". ("Estética en el tranvía", *El especta-
dor*, I).
1470. El "yo" de este poema, lógicamente, está muy lejos de la
sombra que era el "yo" del primer poema de *La voz a ti debida*,
y también muy lejos de 890-891: "Pero / no soy más que lo que
soy". Lógicamente, uno podría preguntarse: si Ella no puede hacer
de él otra cosa, ¿cómo podrá Él hacer otra cosa de Ella? Pero pare-
ce que la lógica no sirve en este contexto. Tal vez el poema siguien-
te: "¿Hablamos, desde cuándo?" pueda dar razón del contrasentido
lógico: "Los años y la vida, / ¡qué diálogo angustiado!" (1491-1492).
El *cántico* ha entrado en la zona del *clamor*.

Y sin embargo,
por decir casi todo.
Y cuando nos separen   1495
y ya no nos oigamos,
te diré todavía:
"¡Qué pronto!
¡Tanto que hablar, y tanto
que nos quedaba aún!"   1500

A la noche se empiezan
a encender las preguntas.
Las hay distantes, quietas,
inmensas, como astros:
preguntan desde allí   1505
siempre
lo mismo: cómo eres.
Otras, fugaces y menudas,
querrían saber cosas
leves de ti y exactas: 1510
medidas
de tus zapatos, nombre
de la esquina del mundo
donde me esperarías.

Tú no las puedes ver,   1515
pero tienes el sueño
cercado todo él
por interrogaciones
mías.
Y acaso alguna vez   1520
tú, soñando, dirás
que sí, que no, respuestas
de azar y de milagro
a preguntas que ignoras,
que no ves, que no sabes.   1525
Porque no sabes nada;
y cuando te despiertas,
ellas se esconden, ya

invisibles, se apagan.
Y seguirás viviendo   1530
alegre, sin saber
que en media vida tuya
estás siempre cercada
de ansias, de afán, de anhelos,
sin cesar preguntándote   1535
eso que tú no ves
ni puedes contestar.

¡QUÉ paseo de noche
con tu ausencia a mi lado!
Me acompaña el sentir   1540
que no vienes conmigo.
Los espejos, el agua
se creen que voy solo;
se lo creen los ojos.
Sirenas de los cielos   1545
aún chorreando estrellas,
tiernas muchachas lánguidas,
que salen de automóviles,
me llaman. No las oigo.
Aún tengo en el oído   1550
tu voz, cuando me dijo:
"No te vayas." Y ellas,
tus tres palabras últimas,
van hablando conmigo
sin cesar, me contestan   1555
a lo que preguntó
mi vida el primer día.
Espectros, sombras, sueños,
amores de otra vez,
de mí compadecidos,   1560

1537. Ella podría contestar: "Que compasiones nocturnas te bas-
ten / y lo demás a las sombras / déjaselo, porque yo he sido hecha
/ para la sed de los labios que nunca preguntan". (Segundo poema
de *Presagios*, de 1923).

quieren venir conmigo,
van a darme la mano.
Pero notan de pronto
que yo llevo estrechada,
cálida, viva, tierna,   1565
la forma de una mano
palpitando en la mía.
La que tú me tendiste
al decir: "No te vayas."
Se van, se marchan ellos,   1570
los espectros, las sombras,
atónitos de ver
que no me dejan solo.
Y entonces la alta noche,
la oscuridad, el frío,   1575
engañados también,
me vienen a besar.
No pueden; otro beso
se interpone en mis labios.
No se marcha de allí,   1580
no se irá. El que me diste,
mirándome a los ojos
cuando yo me marché,
diciendo: "No te vayas."

La materia no pesa.   1585
Ni tu cuerpo ni el mío,
juntos, se sienten nunca
servidumbre, sí alas.
Los besos que me das
son siempre redenciones: 1590
tú besas hacia arriba,
librando algo de mí,
que aún estaba sujeto
en los fondos oscuros.
Lo salvas, lo miramos   1595
para ver cómo asciende,
volando, por tu impulso,

hacia su paraíso
donde ya nos espera.
No, tu carne no oprime   1600
ni la tierra que pisas
ni mi cuerpo que estrechas.
Cuando me abrazas, siento
que tuve contra el pecho
un palpitar sin tacto,   1605
cerquísima, de estrella,
que viene de otra vida.
El mundo material
nace cuando te marchas.
Y siento sobre el alma   1610
esa opresión enorme
de sombras que dejaste,
de palabras, sin labios,
escritas en papeles.
Devuelto ya a la ley   1615
del metal, de la roca,
de la carne. Tu forma
corporal,
tu dulce peso rosa,
es lo que me volvía   1620
el mundo más ingrávido.
Pero lo insoportable,
lo que me está agobiando,
llamándome a la tierra,
sin ti que me defiendas,   1625
es la distancia, es
el hueco de tu cuerpo.

Sí, tú nunca, tú nunca:
tu memoria es materia.

1629. Al poeta le duele la ausencia de la amada tanto como
a Guillén, en "Su persona", *Cántico;* aunque, superficialmente con-
siderado, el poema parezca anti-guilleniano.

CUÁNTAS veces he estado   1630
—espía del silencio—
esperando unas letras,
una voz. (Ya sabidas.
Yo las sabía, sí,
pero tú, sin saberlas,   1635
tenías que decírmelas.)
Como nunca sonaban,
me las decía yo,
las pronunciaba, solo,
porque me hacían falta.   1640
Cazaba en alfabetos
dormidos en el agua,
en diccionarios vírgenes,
desnudos y sin dueño,
esas letras intactas   1645
que, juntándolas luego,
no me decías tú.
Un día, al fin, hablaste,
pero tan desde el alma,
tan desde lejos,   1650
que tu voz fue una pura
sombra de voz, y yo
nunca, nunca la oí.
Porque todo yo estaba
torpemente entregado   1655
a decirme a mí mismo
lo que yo deseaba,
lo que tú me dijiste
y no me dejé oír.

IMPOSIBLE llamarla.   1660
Yo no dormía. Ella
creyó que yo dormía.
Y la dejé hacer todo:
ir quitándome
poco a poco la luz   1665

sobre los ojos.
Dominarse los pasos,
el respirar, cambiada
en querencia de sombra
que no estorbara nunca   1670
con el bulto o el ruido.
Y marcharse despacio,
despacio, con el alma,
para dejar detrás
de la puerta, al salir,   1675
un ser que descansara.
Para no despertarme
a mí, que no dormía.
Y no pude llamarla.
Sentir que me quería,   1680
quererme, entonces, era
irse con los demás,
hablar fuerte, reír,
pero lejos, segura
de que yo no la oiría.   1685
Liberada ya, alegre,
cogiendo mariposas
de espuma, sombras verdes
de olivos, toda llena
del gozo de saberme   1690
en los brazos aquellos
a quienes me entregó
—sin celos, para siempre,
de su ausencia—, del sueño
mío, que no dormía.   1695
Imposible llamarla.
Su gran obra de amor
era dejarme solo.

La noche es la gran duda
del mundo y de tu amor.   1700
Necesito que el día
cada día me diga

que es el día, que es él,
que es la luz: y allí tú.
Ese enorme hundimiento   1705
de mármoles y cañas,
ese gran despintarse
del ala y de la flor:
la noche; la amenaza
ya de una abolición   1710
del color y de ti,
me hace temblar: ¿la nada?
¿Me quisiste una vez?
Y mientras tú te callas
y es de noche, no sé   1715
si luz, amor existen.
Necesito el milagro
insólito: otro día
y tu voz, confirmándome
el prodigio de siempre.   1720
Y aunque te calles tú,
en la enorme distancia,
la aurora, por lo menos,
la aurora, sí. La luz
que ella me traiga hoy   1725
será el gran sí del mundo
al amor que te tengo.

Tú no puedes quererme:
estás alta, ¡qué arriba!
Y para consolarme   1730
me envías sombras, copias,
retratos, simulacros,
todos tan parecidos
como si fueses tú.
Entre figuraciones   1735
vivo, de ti, sin ti.
Me quieren,

1729. Véase R 1081: "Cuando te digo: 'alta'".

me acompañan. Nos vamos
por los claustros del agua,
por los hielos flotantes,   1740
por la pampa, o a cines
minúsculos y hondos.
Siempre hablando de ti.
Me dicen:
"No somos ella, pero   1745
¡si tú vieras qué iguales!"
Tus espectros, qué brazos
largos, qué labios duros
tienen: sí, como tú.
Por fingir que me quieres,   1750
me abrazan y me besan.
Sus voces tiernas dicen
que tú abrazas, que tú
besas así. Yo vivo
de sombras, entre sombras   1755
de carne tibia, bella,
con tus ojos, tu cuerpo,
tus besos, sí, con todo
lo tuyo menos tú.
Con criaturas falsas,   1760
divinas, interpuestas
para que ese gran beso
que no podemos darnos
me lo den, se lo dé.

SE te está viendo la otra.   1765
Se parece a ti:
los pasos, el mismo ceño,
los mismos tacones altos
todos manchados de estrellas.
Cuando vayáis por la calle   1770
juntas, las dos,
¡qué difícil el saber
quién eres, quién no eres tú!
Tan iguales ya, que sea

imposible vivir más   1775
así, siendo tan iguales.
Y como tú eres la frágil,
la apenas siendo, tiernísima,
tú tienes que ser la muerta.
Tú dejarás que te mate,   1780
que siga viviendo ella,
embustera, falsa tú,
pero tan igual a ti
que nadie se acordará
sino yo de lo que eras.   1785
Y vendrá un día
—porque vendrá, sí, vendrá—
en que al mirarme a los ojos
tú veas
que pienso en ella y la quiero: 1790
tú veas que no eres tú.

No, no puedo creer
que seas para mí,
si te acercas, y llegas
y me dices: "Te quiero."   1795
¿Amar tú? ¿Tú, belleza
que vives por encima,
como estrella o abril,
del gran sino de amar,
en la gran altitud,   1800
donde no se contesta?
¿Me sonríe a mí el sol,
o la noche, o la ola?
¿Rueda para mí el mundo
jugándose estaciones,   1805
naranjas, hojas secas?
No sonríen, no ruedan

1777. Véase "Las ninfas", de *Confianza*: "¿Qué ninfa va a elegir,
la de la orilla, / o la otra, eterna?" (Pedro Salinas, *Poesías com-
pletas*, Madrid, Aguilar, 1955, p. 438).

para mí, para otros.
Bellezas suficientes,
reclusas, nada quieren   1810
en su altura, implacables.
Indiferentemente,
salen, se pintan, huyen,
dejándose detrás
afanosos tropeles   1815
de anhelos y palabras.
Se dejan amar, sí,
pero nunca responden
queriendo.
Florecer, deshojarse,   1820
olas, hierbas, mañanas:
pastos para corderos,
juegos de niños y
silencios absolutos.
Mas para nadie amor.   1825
Nosotros, sí, nosotros,
amando, los amantes.

DISTÁNCIAMELA, espejo;
trastorna su tamaño.
A ella, que llena el mundo,   1830
hazla menuda, mínima.
Que quepa en monosílabos,
en unos ojos;
que la puedas tener
a ella, desmesurada,   1835
gacela, ya sujeta,
infantil, en tu marco.
Quítale esa delicia
del ardor y del bulto,
que no la sientan ya   1840
las últimas balanzas;
déjada fría, lisa,
enterrada en tu azogue.
Desvía

su mirada; que no   1845
me vea, que se crea
que está sola.
Que yo sepa, por fin,
cómo es cuando esté sola.
Entrégame tú de ella   1850
lo que no me dió nunca.

Aunque así
—¡qué verdad revelada!—,
aunque así, me la quites.

ENTRE tu verdad más honda   1855
y yo
me pones siempre tus besos.
La presiento, cerca ya,
la deseo, no la alcanzo;
cuando estoy más cerca de ella   1860
me cierras el paso tú,
te me ofreces en los labios.
Y ya no voy más allá.
Triunfas. Olvido, besando,
tu secreto encastillado.   1865
Y me truecas el afán
de seguir más hacia ti,
en deseo
de que no me dejes ir
y me beses.   1870
          Ten cuidado.
Te vas a vender, así.
Porque un día el beso tuyo,
de tan lejos, de tan hondo
te va a nacer,   1875
que lo que estás escondiendo
detrás de él
te salte todo a los labios.
Y lo que tú me negabas
—alma delgada y esquiva—   1880

se me entregue, me lo des
sin querer
donde querías negármelo.

LA frente es más segura.
Los labios ceden, rinden   1885
su forma al otro labio
que los viene a besar.
Nos creemos
que allí se aprieta el mundo,
que se cierran   1890
el final y el principio:
engañan sin querer.
Pero la frente es dura;
por detrás de la carne
está, rígida, eterna,   1895
la respuesta inflexible,
monosílaba, el hueso.
Se maduran los mundos
tras de su fortaleza.
Nada se puede ver   1900
ni tocar. Sonrosada
o morena, la piel
disfraza levemente
la defensa absoluta
del ser último. Besos   1905
me entregas y dulzuras
esenciales del mundo,
en su fruto redondo,

1884. A este poema se le puede calificar, según Palley, de
existencialista, "porque manifiesta una esperanza fundada en la deses-
peranza absoluta; aquella nueva esperanza, la de Sartre y Beckett,
que se basa en el reconocimiento candoroso de la desolación filosó-
fica". (Julián Palley, *La luz no usada*. México, Andrea, 1966, p. 72).
    1897. Véase "Destino alegre" (2263-2264): "... y los dientes, ellos,
/ en la final materia, calavera...". Y compárese con Vicente Alei-
xandre: "sé que sólo el hueso rehusa / mi amor —el nunca incan-
descente hueso del hombre". ("Mano entregada", *Historia del cora-
zón*, 1954).

aquí en los labios. Pero
cuando toco tu frente   1910
con mi frente, te siento
la amada más distante,
la más última, esa
que ha de durar, secreta,
cuando pasen los labios,   1915
sus besos. Salvación
—fría, dura en la tierra—
del gran contacto ardiente
que esta noche consume.

No preguntarte me salva.   1920
Si llegase a preguntar
antes de decir tú nada,
¡qué claro estaría todo,
todo qué acabado ya!
Sería cambiar tus brazos,   1925
tus auroras, indecisas
de hacia quién,
sería cambiar la duda
donde vives, donde vivo
como en un gran mundo a oscuras,   1930
por una moneda fría
y clara: lo que es verdad.
Te marcharías, entonces.
Donde está tu cuerpo ahora,
vacilante, todo trémulo   1935
de besarme o no, estaría
la certidumbre: tu ausencia
sin labios. Y donde está
ahora la angustia, el tormento,
cielos negros, estrellados   1940
de puede ser, de quizás,
no habría más que ella sola.

1923.   Parece que esta claridad de todo es lo contrario de lo que
se expresa en el título *Todo más claro*, de 1949.

Mi única amante ya siempre,
y yo a tu lado, sin ti.
Yo solo con la verdad.   1945

ME estoy labrando tu sombra.
La tengo ya sin los labios,
rojos y duros: ardían.
Te los habría besado
aún mucho más.   1950

Luego te paro los brazos,
rápidos, largos, nerviosos.
Me ofrecían el camino
para que yo te estrechara.

Te arranco el color, el bulto.   1955
Te mato el paso. Venías
derecha a mí. Lo que más
pena me ha dado, al callártela,
es tu voz. Densa, tan cálida,
más palpable que tu cuerpo.   1960
Pero ya iba a traicionarnos.

Así
mi amor está libre, suelto,
con tu sombra descarnada.

1946. Véase "Muertes", de *Fábula y signo*, donde ve Elsa Dehennin "la finesse intuitive d'un Proust", y el análisis del lento proceso de la evanescencia de la amada. (Dehennin. *Op. cit.*, p. 29). (Un excelente estudio de la influencia de Proust en Salinas es el de Bernardo Gicovate, "Pedro Salinas y Marcel Proust". *Asomante*, XVI, 1960, p. 7-16.

Véase también "Las ninfas", de *Confianza*: "¡Qué hermosa efigie es ella, sin su carne! / ¡es más que ella!".

1963. "Como Tagore, citado por Scheler, dice: 'Líbrame de tu hechizo y devuélveme el valor de ofrecerte mi corazón en libertad', Salinas, después de reprochar: "Entre tu verdad más honda y yo / me pones siempre tus besos", sellará los labios, desasirá los brazos, callará la voz... de la amada y exclamará: "Así / mi amor está libre". (Julieta Gómez Paz, *Loc. cit.*, p. 62-63).

Y puedo vivir en ti   1965
sin temor
a lo que yo más deseo,
a tu beso, a tus abrazos.
Estar ya siempre pensando
en los labios, en la voz,   1970
en el cuerpo,
que yo mismo te arranqué
para poder, ya sin ellos,
quererte.
¡Yo, que los quería tanto!   1975
Y estrechar sin fin, sin pena
—mientras se va inasidera,
con mi gran amor detrás,
la carne por su camino—
tu solo cuerpo posible: 1980
tu dulce cuerpo pensado.

DIME, ¿por qué ese afán
de hacerte la posible,
si sabes que tú eres
la que no serás nunca?   1985
Tú a mi lado, en tu carne,
en tu cuerpo, eres sólo
el gran deseo inútil
de estar aquí a mi lado
en tu cuerpo, en tu carne.   1990
En todo lo que haces,
verdadero, visible,
no se consuma nada,
ni se realiza, no.
Lo que tú haces no es más   1995
que lo que tú querrías
hacer mientras lo haces.

1981. "La poesía de Wallace Stevens nos sugiere una interpretación segura: que el mundo ideal del arte era, para él, más real que el mundo de los sentidos" (J. Palley, *Op. cit.*, p. 68).

Las palabras, las manos
que me entregas, las beso
por esa voluntad   2000
tuya e irrealizable
de dármelas, al dármelas.
Y cuanto más te acercas
contra mí y más te estrechas
contra el no indestructible   2005
y negro, más se ensanchan
de querer abolirlas,
de afán de que no existan,
las distancias sin fondo
que quieres ignorar   2010
abrazándome. Y siento
que tu vivir conmigo
es signo puro, seña,
en besos, en presencias
de lo imposible, de   2015
tu querer vivir
conmigo, mía, siempre.

Te busqué por la duda:
no te encontraba nunca.

Me fui a tu encuentro   2020
por el dolor.
Tú no venías por allí.

Me metí en lo más hondo
por ver si, al fin, estabas.
Por la angustia,   2025
desgarradora, hiriéndome.
Tú no surgías nunca de la herida.
Y nadie me hizo señas
—un jardín o tus labios,
con árboles, con besos—;   2030
nadie me dijo
—por eso te perdí—
que tú ibas por las últimas

terrazas de la risa,
del gozo, de lo cierto.   2035
Que a ti se te encontraba
en las cimas del beso
sin duda y sin mañana.
En el vértice puro
de la alegría alta,   2040
multiplicando júbilos
por júbilos, por risas,
por placeres.
Apuntando en el aire
las cifras fabulosas,   2045
sin peso, de tu dicha.

A ti sólo se llega
por ti. Te espero.

Yo sí que sé dónde estoy,
mi ciudad, la calle, el nombre   2050
por el que todos me llaman.
Pero no sé dónde estuve
contigo.
Allí me llevaste tú.

¿Cómo   2055
iba a aprender el camino
si yo no miraba a nada
más que a ti,
si el camino era tu andar,
y el final   2060
fue cuando tú te paraste?
¿Qué más podía haber ya
que tú ofrecida, mirándome?

2052 (y 2057). El lenguaje recuerda el de los místicos, especial-
mente San Juan de la Cruz, y tal vez el sentimiento; pero la expe-
riencia vital (física y mental) que tiene Salinas de la posesión de la
amada creemos que sería difícil —por no decir inútil— de relacio-
narla con la experiencia del místico.
2057. Véase nota a 2052.

Pero ahora,
¡qué desterrado, qué ausente   2065
es estar donde uno está!
Espero, pasan los trenes,
los azares, las miradas.
Me llevarían adonde
nunca he estado. Pero yo   2070
no quiero los cielos nuevos.
Yo quiero estar donde estuve.
Contigo, volver.
¡Qué novedad tan inmensa
eso, volver otra vez,   2075
repetir lo nunca igual
de aquel asombro infinito!
Y mientras no vengas tú,
yo me quedaré en la orilla
de los vuelos, de los sueños,   2080
de las estelas, inmóvil.
Porque sé que adonde estuve
ni alas, ni ruedas, ni velas
llevan.
Todas van extraviadas.   2085
Porque sé que adonde estuve
sólo
se va contigo, por ti.

Tú no las puedes ver;
yo, sí.   2090
Claras, redondas, tibias.
Despacio
se van a su destino;
despacio, por marcharse
más tarde de tu carne.   2095
Se van a nada; son
eso no más, su curso.

2082, 2086. *Adonde* en la primera edición y en *Poesía junta.*
Donde en las siguientes ediciones.

Y una huella, a lo largo,
que se borra en seguida.
¿Astros?   2100

Tú
no las puedes besar.
Las beso yo por ti.
Saben; tienen sabor
a los zumos del mundo.   2105
¡Qué gusto negro y denso
a tierra, a sol, a mar!
Se quedan un momento
en el beso, indecisas
entre tu carne fría   2110
y mis labios; por fin
las arranco. Y no sé
si es que eran para mí.
Porque yo no sé nada.
¿Son estrellas, son signos,   2115
son condenas o auroras?
Ni en mirar ni en besar
aprendí lo que eran.
Lo que quieren se queda
allá atrás, todo incógnito.   2120
Y su nombre también.
(Si las llamara lágrimas,
nadie me entendería.)

¡Si tú supieras que ese
gran sollozo que estrechas   2125
en tus brazos, que esa
lágrima que tú secas
besándola,
vienen de ti, son tú,
dolor de ti hecho lágrimas   2130
mías, sollozos míos!

Entonces
ya no preguntarías
al pasado, a los cielos,
a la frente, a las cartas,   2135
qué tengo, por qué sufro.
Y toda silenciosa,
con ese gran silencio
de la luz y el saber,
me besarías más,   2140
y desoladamente.
Con la desolación
del que no tiene al lado
otro ser, un dolor
ajeno; del que está   2145
sólo ya con su pena.
Queriendo consolar
en un otro quimérico
el gran dolor que es suyo.

CUANDO tú me elegiste   2150
—el amor eligió—
salí del gran anónimo
de todos, de la nada.
Hasta entonces
nunca era yo más alto   2155
que las sierras del mundo.
Nunca bajé más hondo
de las profundidades
máximas señaladas
en las cartas marinas.   2160
Y mi alegría estaba
triste, como lo están
esos relojes chicos,
sin brazo en que ceñirse

2142. Desolación, dolor, lágrimas: vamos entrando en el final de
La voz a ti debida.

y sin cuerda, parados.   2165
Pero al decirme: "tú"
—a mí, sí, a mí, entre todos—,
más alto ya que estrellas
o corales estuve.
Y mi gozo   2170
se echó a rodar, prendido
a tu ser, en tu pulso.
Posesión tú me dabas
de mí, al dárteme tú.
Viví, vivo. ¿Hasta cuándo?   2175
Sé que te volverás
atrás. Cuando te vayas
retornaré a ese sordo
mundo, sin diferencias,
del gramo, de la gota,   2180
en el agua, en el peso.
Uno más seré yo
al tenerte de menos.
Y perderé mi nombre,
mi edad, mis señas, todo   2185
perdido en mí, de mí.
Vuelto al osario inmenso
de los que no se han muerto
y ya no tienen nada
que morirse en la vida.   2190

No quiero que te vayas,
dolor, última forma
de amar. Me estoy sintiendo
vivir cuando me dueles
no en ti, ni aquí, más lejos: 2195
en la tierra, en el año
de donde vienes tú,
en el amor con ella
y todo lo que fue.

2190. Ya estamos asistiendo a la larga despedida.

En esa realidad   2200
hundida que se niega
a sí misma y se empeña
en que nunca ha existido,
que sólo fue un pretexto
mío para vivir.   2205
Si tú no me quedaras,
dolor, irrefutable,
yo me lo creería;
pero me quedas tú.
Tu verdad me asegura   2210
que nada fue mentira.
Y mientras yo te sienta,
tú me serás, dolor,
la prueba de otra vida
en que no me dolías.   2215
La gran prueba, a lo lejos,
de que existió, que existe,
de que me quiso, sí,
de que aun la estoy queriendo.

¡Qué de pesos inmensos,   2220
órbitas celestiales,
se apoyan
—maravilla, milagro—,
en aires, en ausencias,
en papeles, en nada!   2225
Roca descansa en roca,
cuerpos yacen en cunas,
en tumbas; ni las islas
nos engañan, ficciones
de falsos paraísos,   2230
flotantes sobre el agua.
Pero a ti, a ti, memoria
de un ayer que fue carne
tierna, materia viva,
y que ahora ya no es nada   2235
más que peso infinito,

gravitación, ahogo,
dime, ¿quién te sostiene
si no es la esperanzada
soledad de la noche? 2240
A ti, afán de retorno,
anhelo de que vuelvan
invariablemente,
exactas a sí mismas,
las acciones más nuevas 2245
que se llaman futuro,
¿quién te va a sostener?
Signos y simulacros
trazados en papeles
blancos, verdes, azules, 2250
querrían ser tu apoyo
eterno, ser tu suelo,
tu prometida tierra.
Pero, luego, más tarde,
se rompen—unas manos—, 2255
se deshacen, en tiempo,
polvo, dejando sólo
vagos rastros fugaces,
recuerdos, en las almas.
¡Sí, las almas, finales! 2260
¡Las últimas, las siempre
elegidas, tan débiles,
para sostén eterno
de los pesos más grandes!
Las almas, como alas 2265
sosteniéndose solas
a fuerza de aleteo
desesperado, a fuerza
de no pararse nunca,
de volar, portadoras 2270
por el aire, en el aire,
de aquello que se salva.

2260. El tono de nostalgia, el intenso lirismo del final de este
poema nos hace pensar en Luis Cernuda. Obsérvese la aliteración
de *l* y *s* entre 2260 y 2266.

No en palacios de mármol,
no en meses, no, ni en cifras,
nunca pisando el suelo: 2275
en leves mundos frágiles
hemos vivido juntos.
El tiempo se contaba
apenas por minutos:
un minuto era un siglo,   2280
una vida, un amor.
Nos cobijaban techos,
menos que techos, nubes;
menos que nubes, cielos;
aun menos, aire, nada.   2285
Atravesando mares
hechos de veinte lágrimas,
diez tuyas y diez mías,
llegábamos a cuentas
doradas de collar,   2290
islas limpias, desiertas,
sin flores y sin carne;
albergue, tan menudo,
en vidrio, de un amor
que se bastaba él solo   2295
para el querer más grande
y no pedía auxilio
a los barcos ni al tiempo.
Galerías enormes
abriendo   2300
en los granos de arena,
descubrimos las minas
de llamas o de azares.
Y todo
colgando de aquel hilo   2305
que sostenía, ¿quién?
Por eso nuestra vida
no parece vivida:
desliz, resbaladora,
ni estelas ni pisadas   2310

dejó detrás. Si quieres
recordarla, no mires
donde se buscan siempre
las huellas y el recuerdo.
No te mires al alma,   2315
a la sombra, a los labios.
Mírate bien la palma
de la mano, vacía.

Lo encontraremos, sí.
Nuestro beso. ¿Será   2320
en un lecho de nubes,
de vidrios o de ascuas?
¿Será
este minuto próximo,
o mañana, o el siglo   2325
por venir, o en el borde
mismo ya del jamás?
¿Vivos, muertos? ¿Lo sabes?
¿Con tu carne y la mía,
con mi nombre y el tuyo?   2330
¿O ha de ser ya con otros
labios, con otros nombres
y siglos después, esto
que está queriendo ser
hoy, aquí, desde ahora?   2335
Eso no lo sabemos.
Sabemos que será.
Que en algo, sí, y en alguien
se tiene que cumplir
este amor que inventamos   2340

2318.   La *realidad* de lo que ha quedado: desolación, vacío. (Como
en *Sobre los ángeles*, de Rafael Alberti).
2320.   El español Salinas no se hunde en la desesperación. Este
poema empieza con un futuro esperanzado. Esperanza y *fe* (la última
palabra del poema). Cuando en 2332-2333 dice: "... con otros
nombres / y siglos después", se apunta la esperanza del hallazgo que
hará nuestro poeta no siglos después, sino algunos pocos años des-
pués: *El contemplado*, de 1946.

sin tierra ni sin fecha
donde posarse ahora:
el gran amor en vilo.
Y que quizá, detrás
de telones de años,   2345
un beso bajo cielos
que jamás hemos visto,
será, sin que lo sepan
esos que creen dárselo,
trascendido a su gloria,   2350
el cumplirse, por fin,
de ese beso impaciente
que te veo esperando,
palpitante en los labios.
Hoy   2355
nuestro beso, su lecho,
están sólo en la fe.

¿QUIÉN, quién me puebla el mundo
esta noche de agosto?
No, ni carnes, ni alma.   2360
Faroles, contra luna.
¿Abrazarme? ¿Con quién?
¿Seguir? ¿A quién? Veloces
coincidencias de astro
y gas lo suplen todo.   2365
Sombras y yo. Y el aire
meciendo blandamente
el cabello a las sombras
con un rumor de alma.

2366. Soledad y sombras es lo que queda ya de aquel amor
carnal. Empieza el tema de las "sombras"; y el temor expresado
en 2409: "Temblando / de dar cariño a la nada", es lo que mueve
al poeta a sentir que hay que salvar algo. Las sombras, pirandellia-
nas, del último poema de *La voz a ti debida* exigen *realidades*: una
"corporeidad mortal y rosa"; y tal vez la otra *realidad*, que ya
logran. sea esta *Voz a ti debida*, que a estas alturas es como un
"inmenso lecho de distancias" (2434), donde yace lo que queda de
aquella pasión.

Me acercaré a su lecho   2370
—aire quieto, agua quieta—
a intentar que me quieran
a fuerza de silencio
y de beso. Engañado
hasta que venga el día   2375
y el gran lecho vacío
donde durmieron ellas,
sin huellas de la carne,
y el gran aire vacío,
limpio,   2380
sin señal de las almas,
otra vez me confirmen
la soledad, diciendo
que todo eran encuentros
fugaces, aquí abajo   2385
de las luces distantes,
azares sin respuesta.
No, ni carnes, ni almas.

¡QUÉ cuerpos leves, sutiles,
hay, sin color,   2390
tan vagos como las sombras,
que no se pueden besar
si no es poniendo los labios
en el aire, contra algo
que pasa y que se parece!   2395

¡Y qué sombras tan morenas
hay, tan duras
que su oscuro mármol frío
jamás se nos rendirá
de pasión entre los brazos!   2400

¡Y qué trajín, ir, venir,
con el amor en volandas,
de los cuerpos a las sombras,
de lo imposible a los labios,

sin parar, sin saber nunca   2405
si es alma de carne o sombra
de cuerpo lo que besamos,
si es algo! ¡Temblando
de dar cariño a la nada!

¿Y si no fueran las sombras   2410
sombras? ¿Si las sombras fueran
—yo las estrecho, las beso,
me palpitan encendidas
entre los brazos—
cuerpos finos y delgados,   2415
todos miedosos de carne?

¿Y si hubiese
otra luz en el mundo
para sacarles a ellas,
cuerpos ya de sombra, otras   2420
sombras más últimas, sueltas
de color, de forma, libres
de sospecha de materia;
y que no se viesen ya
y que hubiera que buscarlas   2425
a ciegas, por entre cielos,
desdeñando ya las otras,
sin escuchar ya las voces
de esos cuerpos disfrazados
de sombras, sobre la tierra?   2430

¿Las oyes cómo piden realidades,
ellas, desmelenadas, fieras,
ellas, las sombras que los dos forjamos

2433. "A cada relectura me sacude el postrer poema de *La voz
a ti debida*, concebido y sufrido desde el hueco de nostalgia en que
un amante está deseando a la ausente: los dos, tan separados, no
son más que dos sombras". (Jorge Guillén, "Poesía de Pedro Sali-
nas". *Buenos Aires literaria*, 13, Octubre, 1953, p. 53).

en este inmenso lecho de distancias?
Cansadas ya de infinidad, de tiempo   2435
sin medida, de anónimo, heridas
por una gran nostalgia de materia,
piden límites, días, nombres.
No pueden
vivir así ya más: están al borde   2440
del morir de las sombras, que es la nada.
Acude, ven conmigo.
Tiende tus manos, tiéndeles tu cuerpo.
Los dos les buscaremos
un color, una fecha, un pecho, un sol.   2445
Que descansen en ti, sé tú su carne.
Se calmará su enorme ansia errante,
mientras las estrechamos
ávidamente entre los cuerpos nuestros
donde encuentren su pasto y su reposo.   2450
Se dormirán al fin en nuestro sueño
abrazado, abrazadas. Y así luego,
al separarnos, al nutrirnos sólo
de sombras, entre lejos,
ellas   2455
tendrán recuerdos ya, tendrán pasado
de carne y hueso,
el tiempo que vivieron en nosotros.
Y su afanoso sueño
de sombras, otra vez, será el retorno   2460
a esta corporeidad mortal y rosa
donde el amor inventa su infinito.

FIN DE

"LA VOZ A TI DEBIDA"

RAZON
DE AMOR
(POESIA)
por Pedro Salinas

CRUZ Y RAYA. EDICIONES DEL ARBOL.
Madrid. 1936. En la imprenta de Manuel Altolaguirre.

I

Yᴀ está la ventana abierta.
Tenía que ser así
el día.
Azul el cielo, sí, azul
indudable, como anoche   5
le iban queriendo tus besos.
Henchida la luz de viento
y tensa igual que una vela
que lleva el día, velero,
por los mundos a su fin: 10
porque anoche tú quisiste
que tú y yo nos embarcáramos
en un alba que llegaba.
Tenía que ser así.
Y todo,   15
las aves de por el aire,
las olas de por el mar,
gozosamente animado:
con el ánima
misma que estaba latiendo   20
en las olas y los vuelos
nocturnos del abrazar.
Si los cielos iluminan
trasluces de paraíso,
islas de color de edén,   25
es que en las horas sin luz,

sin suelo, hemos anhelado
la tierra más inocente
y jardín para los dos.
Y el mundo es hoy como es hoy   30
porque lo querías tú,
porque anoche lo quisimos.
Un día
es el gran rastro de luz
que deja el amor detrás   35
cuando cruza por la noche,
sin él eterna, del mundo.
Es lo que quieren dos seres
si se quieren hacia un alba.
Porque un día nunca sale   40
de almanaques ni horizontes:
es la hechura sonrosada,
la forma viva del ansia
de dos almas en amor,
que entre abrazos, a lo largo   45
de la noche, beso a beso,
se buscan su claridad.
Al encontrarla amanece,
ya no es suya, ya es del mundo.
Y sin saber lo que hicieron,   50
los amantes
echan a andar por su obra,
que parece un día más.

¿SERÁS, amor,
un largo adiós que no se acaba?   55
Vivir, desde el principio, es separarse.
En el primer encuentro
con la luz, con los labios,

---

55. El tema del "adiós" ha sido elaborado en múltiples ocasiones por Salinas. Véase, por ejemplo, "Adiós con variaciones", del "Entretiempo romántico" de *Todo más claro*, y "Los adioses" de *Fábula y signo*.

el corazón percibe la congoja
de tener que estar ciego y solo un día.   60
Amor es el retraso milagroso
de su término mismo:
es prolongar el hecho mágico
de que uno y uno sean dos, en contra
de la primer condena de la vida.   65
Con los besos,
con la pena y el pecho se conquistan,
en afanosas lides, entre gozos
parecidos a juegos,
días, tierras, espacios fabulosos,   70
a la gran disyunción que está esperando,
hermana de la muerte o muerte misma.
Cada beso perfecto aparta el tiempo,
le echa hacia atrás, ensancha el mundo breve
donde puede besarse todavía.   75
Ni en el llegar, ni en el hallazgo
tiene el amor su cima:
es en la resistencia a separarse
en donde se le siente,
desnudo, altísimo, temblando.   80
Y la separación no es el momento
cuando brazos, o voces,
se despiden con señas materiales:
es de antes, de después.
Si se estrechan las manos, si se abraza,   85
nunca es para apartarse,
es porque el alma ciegamente siente
que la forma posible de estar juntos
es una despedida larga, clara.
Y que lo más seguro es el adiós.   90

¿EN dónde está la salvación? ¿Lo sabes?
¿Vuela, corre, descansa, es árbol, nube?

91. Sobre la *salvación*, véase "Salvación", de *Fábula y signo*,
y v. 1916, 1920, 2272.

¿Se la coge a puñados, como al mar,
o cae sobre nosotros en el sueño
sin despertar ya más, igual que muerte?   95
¿Nos salvaremos?
Suelta, escapada va,
sin que se sepa dónde, si pisando
los cielos que miramos,
o bajo el techo que es la tierra nuestra,   100
inasequible, incierta eterna,
jugando con nosotros
a será o no será.
Mas lo que sí sabemos es que todo,
las manos, y las bocas y las almas,   105
ávidas y afiladas,
persiguiéndola están, siempre al acecho
de su paso en la alta madrugada,
por si cruzase por las soledades
o por el beso con que se las quiebra.   110
Que unas alas
invisibles golpean
las paredes del día y de la noche,
animadas, cerniéndose,
volando a ras de tierra, y son las alas   115
del gran afán de salvación constante
de cuyo no cesar se está viviendo:
el ansia de salvarme, de salvarte,
de salvarnos los dos, ilusionados
de estar salvando al mismo que nos salva.   120
Y que aunque su hecho mismo se nos niegue
—el arribo a las costas celestiales,
paraíso sin lugar, isla sin mapa,
donde viven felices los salvados—,
nos llenará la vida   125
este puro volar sin hora quieta,
este vivir buscándola:
y es ya la salvación querer salvarnos.

¡PASTORA de milagros!
¿Lo sobrenatural   130
nació quizá contigo?
Tu vida
maneja los prodigios
tan tuyamente como
el color de tus ojos,   135
o tu voz, o tu risa.
Y lo maravilloso
parece
tu costumbre, el quehacer
fácil de cada día.   140
Las sorpresas del mundo,
lanzadas desde lejos
sobre ti, como olas,
en mansa espuma blanca
a los pies se te quiebran,   145
dóciles, esperadas.
Lo imprevisto se quita,
al verte, su antifaz
de noche o de misterio,
se rinde: 150
tú ya lo conocías.
Andando de tu mano,
¡qué fáciles las cimas!
Alto se está contigo,
tú me elevas, sin nada,   155
tan sólo con vivir
y dejar que te viva.
Tus pasos más sencillos
en ascensión acaban.
Y en la altura se vive   160
sin sentir la fatiga
de haber subido. Tú
le quitas
al trabajo, al afán,

su gran color de pena. 165
Y en descensos alegres,
se sube, si tú guías,
la inmensa
cuesta arriba del mundo.
Cuando tu ser en proa 170
—velocísimo viento—
atraviesa la vida,
se les caen a las ramas
de lo que deseamos
los esfuerzos que cuestan, 175
el precio de la dicha,
como las hojas secas,
y te alfombran el paso.
Y yo sé que quererte
es convertir los días, 180
las horas, en peligros,
en llamas. Pero a todo
se sonríe por ti.
Porque vas sorteando
nuestra vida entre azares 185
ardientes, entre muertes,
tan inocentemente,
tan fuera del pecado,
que nos parece un juego
con las cosas más puras. 190
Tan sencilla queriéndome,
que a veces se me olvida
que vivo de milagro
el amor fabuloso
que al cargar sobre ti 195
ingrávido se torna.
Y como lo redimes
de sangre, o de tormento,
por fuerza de tu pecho,
con corazón de magia, 200
se siente la ilusión
de que nada nos cuesta
nada.

28 de febrero de 1951

    Mi querido amigo Ferrater:

    Lo que se ha perdido V. por no venir a New York a presenciar mi ascenso a la
gloria escenica. Fue cosa sonada; por fortuna sones de palmas, no de pitos. Por supues-
to mas bien diria que e stoy en los umbrales de la gloria y no,aun, en su mismisimo recin-
to. Porque no salí a escena: vi la funcion sentado en butacas, como una victima cualquie-
ra,y cuando las voces entusiastas de las huestes que yo tenia asalariadas a ese efecto,
reclamaron al autor, y los comicos me invitaban todos a subir al escenario, y a repre-
sentar la conocida escena del victimario de la mano de la primera actriz y del primer
actor, doblando el espinazo ante la bestia ,como diria un baude lairiano, yo me dí
cuenta de que no habia escalerilla ni otro xxxxxx acceso a las tablas; y que mis mu-
chos años y flacas fuerzas me impedian dar el salto gracioso que solictaba la circunstan-
cia. (so es estilo mariano o de Farias,lo de la circunstancia, digo.) Ahi tiene V.pues,
el motivo de no haber propiamente ascendido a la altura plena de la gloria; por mengua,
no de meritos literarios sino de musculos y de brios. Para átro estreno me ejercitare de
ante ano en salto; aunque luego no me llamen a escena y me quede compuesto y sin gloria.
El otro estreno sera aquí, dentro de dos meses, pero en ingles y de dos obras, no de
una. Seran Vs. capaces de no venir, tampoco.

Fragmento de una carta de Pedro Salinas a José
María Ferrater Mora (28 de febrero de 1951). Se
refiere al estreno de *La fuente del arcángel*, el 16
de febrero de 1951, en la Universidad de Columbia,
en Nueva York

18-11-51

Mi querido amigo Fernández:

Su carta me da pena alegría. Ya me he...

Carta de Pedro Salinas a José María Ferrater Mora (18 de noviembre de 1951). El poeta murió el 4 de diciembre de ese año

Pedro Salinas y sus hijos Solita y Jaime
(1929, Madrid).

Fotografía de D.ª Carmen Conde

Que el hecho más sencillo,
el primero y el último 205
del mundo, fue querernos.

TORPEMENTE el amor busca.
Vive en mí como una oscura
fuerza entrañada. No tiene
ojos que le satisfagan 210
su ansia de ver. Los espera.
Tantea a un lado y a otro:
se tropieza con el cielo,
con un papel, o con nada.
Ni aire ni tierra ni agua 215
le sirven para salir
desde su mina a la vida,
porque él ni vuela ni·anda.
Sólo quiere, quiere, quiere,
y querer no es caminar, 220
ni volar, con pies, con alas
de otros seres. El amor
sólo va hacia su destino
con las alas y los pies
que de su entraña le nazcan 225
cada día, que jamás
tocaron la tierra, el aire,
y que no se usaron nunca
en más vuelos ni jornadas
que los de su oficio virgen. 230
Y así mientras no le salgan
fuerzas de pluma en los hombros,
nuevas plantas,
está como masa oscura,
en el fondo de su mar, 235
esperando que le lleguen
formas de vida a su ansia.
Se acerca el mundo y le ofrece
salidas, salidas vagas:

207. Véase v. 1449-1450: "Perdóname por ir así buscándote / tan
torpemente, dentro / de ti".

una rosa, no le sirve. 240
El amor no es una rosa.
Un día azul; el amor
no es tampoco una mañana.
Le brinda sombras, espectros,
que no se pueden asir, 245
llenos de incorpóreas gracias;
pero un querer, aunque venga
de las sombras,
es siempre lo que se abraza.
Y por fin le trae un sueño, 250
un sueño tan parecido
que se siente todo trémulo
de inminencia, al borde ya
de la forma que esperaba.

Que esperaba y que no es: 255
porque un sueño sólo es sueño
verdadero
cuando en materia mortal
se desensueña y se encarna.
Y allá se vuelve el amor 260
a su entraña,
a trabajar sin cesar
con la fe de que de él salga
su mismo salir, la ansiada
forma de vivirse, esa 265
que no se puede encontrar
sino a fuerza
de esperar desesperado:
a fuerza de tanto amarla.

Estabas, pero no se te veía 270
aquí en la luz terrestre, en nuestra luz

262. "... a trabajar sin cesar...". "On sent combien la pensée
salinienne a évolué. Alors que dans *La voz a ti debida*, l'existence
était vécue dans le rêve, ici le rêve n'est plus verdadero". (Dehennin,
Op. cit., p. 71).

de todos.
Tu realidad vivía entre nosotros
indiscernible y cierta
como la flor, el monte, el mar,   275
cuando a la noche
son un puro sentir, casi invisible.
El mediodía terrenal,
esa luz suficiente
para leer los destinos y los números,   280
nunca pudo explicarte.
Tan sólo desde ti venir podía
tu aclaración total. Te iban buscando
por tardes grises, por mañanas claras,
por luz de luna o sol, sin encontrar.   285
Es
que a ti sólo se llega por tu luz.
Y así cuando te ardiste en otra vida,
en ese llamear tu luz nació,
la cegadora luz que te rodea   290
cuando mis ojos son los que te miran
—esa que tú me diste para verte—,
para saber quién éramos tú y yo:
la luz de dos.
De dos, porque mis ojos son los únicos   295
que saben ver con ella,
porque
con ella sólo pueden verte a ti.
Ni recuerdos nos unen, ni promesas.
No. Lo que nos enlaza   300
es que sólo entre dos, únicos dos,
tú para ser mirada, yo mirándote,
vivir puede esa luz. Y si te vas
te esperan, procelosas, las auroras,
las lumbres cenitales, los crepúsculos,   305
todo ese oscuro mundo que se llama
no volvernos a ver:
no volvernos a ver nunca en tu luz.

ANTES vivías por el aire, el agua,
ligera, sin dolor, vivir de ala,   310
de quilla, de canción, gustos sin rastros.
Pero has vivido un día
todo el gran peso de la vida en mí.
Y ahora,
sobre la eternidad blanda del tiempo   315
—contorno irrevocable, lo que hiciste—
marcada está la seña de tu ser,
cuando encontró su dicha.
Y tu huella te sigue;
es huella de un vivir todo transido   320
de querer vivir más como fue ella.
No se está quieta, no, no se conforma
con su sino de ser señal de vida
que vivió y ya no vive:
corre tras ti, anhelosa   325
de existir otra vez, siente la trágica
fatalidad de ser no más que marca
de un cuerpo que se huyó, busca su cuerpo.
Sabes ya que no eres,
hoy, aquí, en tu presente,   330
sino el recuerdo de tu planta un día
sobre la arena que llamamos tiempo.
Tú misma, que la hiciste,
eres hoy sólo huella de tu huella,
de aquella que marcaste entre mis brazos.   335
Ya nuestra realidad, los cuerpos estos,
son menos de verdad que lo que hicieron
aquel día, y si viven
sólo es para esperar que les retorne
el don de imprimir marcas sobre el mundo.   340
Su anhelado futuro
tiene la forma exacta de una huella.

336-342. El misticismo de Salinas es muy discutible: la realidad
de los cuerpos sería más *verdadera* si los cuerpos abrazasen cuerpos.
Véase v. 2459-2462.

¡SENSACIÓN de retorno!
Pero ¿de dónde, dónde?
Allí estuvimos, sí,   345
juntos. Para encontrarnos
este día tan claro
las presencias de siempre
no bastaban. Los besos
se quedaban a medio   350
vivir de sus destinos:
no sabían volar
de su ser en las bocas
hacia su pleno más.
Mi mirada, mirándote,   355
sentía paraísos
guardados más allá,
virginales jardines
de ti, donde con esta
luz de que disponíamos   360
no se podía entrar.

Por eso nos marchamos.
Se deshizo el abrazo,
se apartaron los ojos,
dejaron de mirarse   365
para buscar el mundo
donde nos encontráramos.
Y ha sido allí, sí, allí.
Nos hemos encontrado
allí. ¿Cómo, el encuentro?   370

¿Fue como beso o llanto?
¿Nos hallamos
con las manos, buscándonos
a tientas; con los gritos,
clamando; con las bocas   375
que el vacío besaban?
¿Fue un choque de materia

y materia, combate
de pecho contra pecho,
que a fuerza de contactos   380
se convirtió en victoria
gozosa de los dos,
en prodigioso pacto
de tu ser con mi ser
enteros?   385
¿O tan sencillo fue,
tan sin esfuerzo, como
una luz que se encuentra
con otra luz, y queda
iluminado el mundo,   390
sin que nada se toque?
Ninguno lo sabemos.
Ni el dónde. Aquí, en las manos,
como las cicatrices,
allí, dentro del alma,   395
como un alma del alma,
pervive el prodigioso
saber que nos hallamos,
y que su dónde está
para siempre cerrado.   400
Ha sido tan hermoso
que no sufre memoria,
como sufren las fechas,
los nombres o las líneas.
Nada en ese milagro   405
podría ser recuerdo:
porque el recuerdo es
la pena de sí mismo,
el dolor del tamaño,
del tiempo, y todo fue   410
eternidad: relámpago.
Si quieres recordarlo
no sirve el recordar.
Sólo vale vivir
de cara hacia ese dónde,   415
queriéndolo, buscándolo.

¿ACOMPAÑAN las almas? ¿Se las siente?
¿O lo que te acompañan son dedales
minúsculos, de vidrio,
cárceles de las puntas, de las fugas,   420
rosadas, de los dedos?

¿Acompañan las ansias? ¿Y los "más",
los "más", los "más" no te acompañan?
¿O tienes junto a ti sólo la música
tan mártir, destrozada   425
de chocar contra todas las esquinas
del mundo, la que tocan
desesperadamente, sin besar,
espectros, por la radio?

¿Acompañan las alas, o están lejos?   430
Y dime, ¿te acompaña
ese inmenso querer estar contigo
que se llama el amor o el telegrama?

¿O estás sola, sin otra compañía
que mirar muy despacio, con los ojos   435
arrasados de llanto, estampas viejas
de modas anticuadas, y sentirte desnuda,
sola, con tu desnudo prometido?

¿Tú sabes lo que eres
de mí?   440
¿Sabes tú el nombre?

        No es
el que todos te llaman,
esa palabra usada
que se dicen las gentes,   445
si besan o se quieren,
porque ya se lo han dicho
otros que se besaron.

Yo no lo sé; lo digo,
se me asoma a los labios   450
como una aurora virgen
de la que no soy dueño.
Tú tampoco lo sabes;
lo oyes. Y lo recibe
tu oído igual que el silencio   455
que nos llega hasta el alma
sin saber de qué ausencias
de ruidos está hecho.
¿Son letras, son sonidos?
Es mucho más antiguo.   460
Lengua de paraíso,
sones primeros, vírgenes
tanteos de los labios,
cuando, antes de los números,
en el aire del mundo   465
se estrenaban los nombres
de los gozos primeros.
Que se olvidaban luego
para llamarlo todo
de otro modo al hacerlo   470
otra vez: nuevo son
para el júbilo nuevo.
En ese paraíso
de los tiempos del alma,
allí, en el más antiguo,   475
es donde está tu nombre.
Y aunque yo te lo llamo
en mi vida, a tu vida,
con mi boca, a tu oído,
en esta realidad,   480
como él no deja huella
en memoria ni en signo,
y apenas lo percibes,

---

482. El título de un reciente libro de poesía de José Ángel Va-
lente es: *La memoria y los signos*. Madrid, Rev. de Occid., 1966.
(Véase nuestra Introducción, p. XXX).

nítido y momentáneo,
a su cielo se vuelve   485
todo alado de olvido,
dicho parece en sueños,
sólo en sueños oído.
Y así, lo que tú eres,
cuando yo te lo digo   490
no podrá serlo nadie,
nadie podrá decírtelo.
Porque ni tú ni yo
conocemos su nombre
que sobre mí desciende,   495
pasajero de labios,
huésped
fugaz de los oídos
cuando desde mi alma
lo sientes en la tuya   500
sin poderlo aprender,
sin saberlo yo mismo.

A veces un no niega
más de lo que quería, se hace múltiple.
Se dice "no, no iré"   505
y se destejen infinitas tramas
tejidas por los síes lentamente,
se niegan las promesas que no nos hizo nadie
sino nosotros mismos, al oído.
Cada minuto breve rehusado   510
—¿eran quince, eran treinta?—
se dilata en sinfines, se hace siglos,
y un "no, esta noche no"
puede negar la eternidad de noches,
la pura eternidad.   515
¡Qué difícil saber adónde hiere
un no! Inocentemente
sale de labios puros un no puro;
sin mancha ni querencia
de herir, va por el aire.   520
Pero el aire está lleno

de esperanzas en vuelo, las encuentra
y las traspasa por las alas tiernas
su inmensa fuerza ciega, sin querer,
y las deja sin vida y va a clavarse   525
en ese techo azul que nos pintamos
y abre una grieta allí.
O allí rebota
y su herir acerado
vuelve camino atrás y le desgarra   530
el pecho al mismo pecho que lo dijo.
Un no da miedo. Hay que dejarlo siempre
al borde de los labios y dudarlo.
O decirlo tan suavemente
que le llegue   535
al que no lo esperaba
con un sonar de "sí",
aunque no dijo sí quien lo decía.

Lo que queremos nos quiere,
aunque no quiera querernos.   540
Nos dice que no y que no,
pero hay que seguir queriéndolo:
porque el no tiene un revés
—quien lo dice no lo sabe—,
y siguiendo en el querer   545
los dos se lo encontraremos.
Hoy, mañana, junto al nunca,
cuando parece imposible
ya,
nos responderá en lo amado,   550
como un soplo imperceptible,
el amor
mismo con que lo adoramos.
Aunque estén contra nosotros
el aire y la soledad,   555
las pruebas y el no y el tiempo,
hay que querer sin dejarlo,
querer y seguir queriendo.

Sobre todo en la alta noche
cuando el sueño, ese retorno   560
al ser desnudo y primero,
rompe desde las estrellas
las voluntades de paso,
y el querer siente, asombrado,
que ganó lo que quería,   565
que le quieren sin querer,
a fuerza de estar queriendo.
Y aunque no nos dé su cuerpo
la amada, ni su presencia,
aunque se finja otro amor   570
un estar en otra parte,
este fervor infinito
contra el no querer querer
la rendirá, bese o no.
Y en la más oscura noche,   575
cuando
desde otra orilla del mundo
la bese el amor remoto,
se la entrará por el alma,
como un frío o una sombra,   580
la evidencia de ser ya
de aquel que la está queriendo.

A ésa, a la que yo quiero,
no es a la que se da rindiéndose,
a la que se entrega cayendo,   585
de fatiga, de peso muerto,
como el agua por ley de lluvia,
hacia abajo, presa segura
de la tumba vaga del suelo.
A ésa, a la que yo quiero,   590
es a la que se entrega venciendo,
venciéndose,
desde su libertad saltando

577. Se podría percibir un remoto eco de la Rima LXXV de
Bécquer.

por el ímpetu de la gana,
de la gana de amor, surtida,   595
surtidor o garza volante,
o disparada —la saeta—
sobre su pena victoriosa,
hacia arriba, ganando el cielo.

DI, ¿no te acuerdas nunca   600
de esa forma perdida,
vaga, de tu pasado:
del color de tus trajes?
¡Qué de geometrías
sobre tu pecho núbil,   605
palpitante, temblaron!
El azul fue el azul
cuando tú lo estrenabas;
deja el azul del cielo,
el azul que nadamos.   610
Vámonos a buscar
tu azul de traje azul,
hacia atrás, por los años.
Calor de terciopelos
de otoño te pesaron   615
como penas primeras.
Siempre te los ponías
a las ocho, a las nueve,
bajo la luz eléctrica.
Y si eran muy oscuros   620
al salir a los campos,
un gran celo celeste
los poblaba de estrellas:
parecían agostos.
Pero por las mañanas,   625
a luz de luz primera,
imposible
ponerse sobre el cuerpo
todo lo que no fuese
felicidad o alas.   630

Cuando no las tenías,
salías de los sueños,
del despertar, desnuda,
para entrar en la apenas
materia de las sedas.   635
Con las aguas de abril
las nieves de tus blancos
trajes te florecían.
Campánulas y lirios
a tus telas corrían   640
a plantarse;
porque tú prolongabas
su florecer, sin fin,
y en los días de invierno
los lanzabas al aire,   645
seguros, defendidos
del rigor y del hielo
por esa primavera,
sin cesar, de tu carne.

¿En dónde están los pétalos   650
marchitos de tus trajes?
¿Qué alamedas tapizan
en los mundos incógnitos,
desde que los dejaste?
Tiene que haber un cielo   655
donde van al morirse
cuando se les acaban
sus glorias terrenales
sobre el cuerpo perfecto:
cielo de recordarles.   660
Deshechas las materias
de las telas, borradas
—como de criaturas—
las diferencias vanas
entre lino y crespón,   665
perdidas
andan, por su trasmundo,

de tus trajes las almas.
Las almas que eran trazos
—ahora inflexibles, fríos—,   670
dibujos de tus trajes,
círculos o triángulos
a quien tus movimientos
grácilmente libraban
de su sino esquemático.   675
Las almas que eran flores,
desterradas por siempre,
ahora,
a un destierro de campos.
Las almas que eran eso: 680
un gris, un rosa, un blanco,
que flotan liberadas
por los anchos espacios
de todos los crepúsculos
como si fueran nubes.   685
Y tú no las conoces,
cuando yo, recordando
su pasado de trajes
tuyos, te las señalo,
allá, en su paraíso.   690

¡Cuánto tiempo fuiste dos!
Querías y no querías.
No eras como tu querer,
ni tu querer como tú.
¡Qué vaivén entre una y otra!   695
A los espejos del mundo,
al silencio, a los azares,
preguntabas
cuál sería la mejor.
Inconstante de ti misma   700
siempre te estabas matando
tu mismo sí con tu no.
Y en el borde de los besos,
ni tu corazón ni el mío

sabía quién se acercaba: 705
si era la que tú querías
o la que quería yo.
Cuando estabais separadas,
como la flor de su flor,
¡qué lejos de ti tenía   710
que ir a buscarte el querer!
El estaba por un lado.
Tú en otro.
Lo encontraba. Pero no
sabía estarme con él,   715
vivir así separados
o de tu amor o de ti.
Yo os quería a los dos.
Y por fin junto está todo.
Cara a cara te miraste,   720
tu mirada en ti te vió:
eras ya la que querías.
Y ahora os beso a las dos
en ti sola.
Y esta paz de ser entero,   725
no sabe
el alma quién la ganó:
si es que tu amor se parece
a ti, de tanto quererte,
o es que tú,   730
de tanto estarle queriendo,
eres ya igual que tu amor.

AQUÍ,
en esta orilla blanca
del lecho donde duermes,   735
estoy al borde mismo
de tu sueño. Si diera

---

736. Recuérdese el magnífico soneto de Gerardo Diego: "Tú
y tu desnudo sueño. No lo sabes. / ... / yo insomne, loco, en los
acantilados, / las naves por el mar, tú por el sueño." ("Insomnio",
Alondra de verdad).

un paso más, caería
en sus ondas, rompiéndolo
como un cristal. Me sube   740
el calor de tu sueño
hasta el rostro. Tu hálito
te mide la andadura
del soñar: va despacio.
Un soplo alterno, leve,   745
me entrega ese tesoro
exactamente: el ritmo
de tu vivir soñando.
Miro. Veo la estofa
de que está hecho tu sueño.   750
La tienes sobre el cuerpo
como coraza ingrávida.
Te cerca de respeto.
A tu virgen te vuelves
toda entera, desnuda,   755
cuando te vas al sueño.
En la orilla se paran
las ansias y los besos:
esperan, ya sin prisa,
a que abriendo los ojos   760
renuncies a tu ser
invulnerable. Busco
tu sueño. Con mi alma
doblada sobre ti,
las miradas recorren,   765
traslúcida, tu carne
y apartan dulcemente
las señas corporales
por ver si hallan detrás
las formas de tu sueño.   770
No lo encuentran. Y entonces
pienso en tu sueño. Quiero
descifrarlo. Las cifras
no sirven, no es secreto.
Es sueño y no misterio.   775
Y de pronto, en el alto

silencio de la noche,
un soñar mío empieza
al borde de tu cuerpo;
en él el tuyo siento.   780
Tú dormida, yo en vela,
hacíamos lo mismo.
No había que buscar:
tu sueño era mi sueño.

PENSAR en ti esta noche   785
no era pensarte con mi pensamiento,
yo solo, desde mí. Te iba pensando
conmigo, extensamente, el ancho mundo.

El gran sueño del campo, las estrellas,
callado el mar, las hierbas invisibles,   790
sólo presentes en perfumes secos,
todo,
de Aldebarán al grillo te pensaba.

¡Qué sosegadamente
se hacía la concordia   795
entre las piedras, los luceros,
el agua muda, la arboleda trémula,
todo lo inanimado,
y el alma mía
dedicándolo a ti! Todo acudía   800
dócil a mi llamada, a tu servicio,
ascendido a intención y a fuerza amante.
Concurrían las luces y las sombras
a la luz de quererte; concurrían
el gran silencio, por la tierra, plano,   805
suaves voces de nube, por el cielo,
al cántico hacia ti que en mí cantaba.
Una conformidad de mundo y ser,
de afán y tiempo, inverosímil tregua,
se entraba en mí, como la dicha entra   810
cuando llega sin prisa, beso a beso.

Y casi
dejé de amarte por amarte más,
en más que en mí, inmensamente confiando
ese empleo de amar a la gran noche   815
errante por el tiempo y ya cargada
de misión, misionera
de un amor vuelto estrellas, calma, mundo,
salvado ya del miedo
al cadáver que queda si se olvida.   820

No te detengas nunca
cuando quieras buscarme.
Si ves muros de agua,
anchos fosos de aire,
setos de piedra o tiempo,   825
guardia de voces, pasa.
Te espero con un ser
que no espera a los otros:
en donde yo te espero
sólo tú cabes. Nadie   830
puede encontrarse
allí conmigo, sino
el cuerpo que te lleva,
como un milagro, en vilo.
Intacto, inajenable,   835
un gran espacio blanco,
azul, en mí, no acepta
más que los vuelos tuyos,
los pasos de tus pies;
no se verán en él   840
otras huellas jamás.
Si alguna vez me miras
como preso encerrado,
detrás de puertas,
entre cosas ajenas,   845
piensa en las torres altas,
en las trémulas cimas
del árbol, arraigado.

Las almas de las piedras
que abajo están sirviendo   850
aguardan en la punta
última de la torre.
Y ellos, pájaros, nubes,
no se engañan: dejando
que por abajo pisen   855
los hombres y los días,
se van arriba,
a la cima del árbol,
al tope de la torre,
seguros de que allí,   860
en las fronteras últimas
de su ser terrenal,
es donde se consuman
los amores alegres,
las solitarias citas   865
de la carne y las alas.

¡CUÁNTOS años
has estado fingiendo, tú, la oculta,
ser la aparente hija
del mundo, de tus padres, de la tierra   870
en donde nació el tallo de tu voz!
El sol sobre tus hombros
los ponía morenos;
si el frío te estrechaba entre sus pieles
nítidas, tú temblabas.   875
Y parecías ser la criatura
de los azares,
esperarte a ti misma en cada día.
Dulce materia firme en la que el mundo,
con nieves o con sol, con pena o dicha,   880
se entretenía caprichosamente
en modelar prodigios, rostro y alma,
sin que tú hicieses nada
sino aceptarlos con sonrisas,
mirarlos en tu espejo,   885

e irte luego con ellos por la vida
como si fuesen tú. Tu cuerpo mismo
se figuraron que labrado estaba
con la materna leche, por el tiempo,
con el crecer, por exteriores leyes,   890
y vestido
por las sedas que pintan otras manos.
Pero un día en la frente,
en el pecho, en los labios,
metal ardiente, óleos, palabras encendidas   895
te tocaron y ahora
por fin te llamas tú.
Coronada de ti, de ti vestida,
lo que te cubre el alma que tú eras
no es ya la carne aquella, don paterno,   900
ni los trajes venales, ni la edad.
En la común materia
—ojos, gracia, bondad, esbelta pierna,
color de los cabellos, voz, bravura—
que en ti llevabas,   905
te has infundido tú, y a ti te has hecho.
Ya no recibes vida, tú la creas.
Tú, de tu propia criatura origen,
del vago simulacro de tu antes
te sacas tu nacer: recién nacida   910
voluntaria a vivir. Y ya no debes
nada —estás sin pasado—
a la tierra, o al mundo, o a otros seres.
Si acaso, besa agradecidamente
en los labios del aire de esta noche   915
—suelo de trébol, techo de luceros—
a la que te ha guiado, misteriosa
potencia del amor, hasta ti misma,
para que al fin pudieses ser tu alma.

No, nunca está el amor.   920
Va, viene, quiere estar
donde estaba o estuvo.

Planta su pie en la tierra,
en el pecho; se vuela
y se posa o se clava   925
—azor siempre o saeta—
en un cielo distante,
que está a veces detrás,
y va de presa en presa.
En las noches mullidas   930
de estrellas y luceros
se tiende a descansar.
Allá arriba, celeste
un momento, la tierra
es el cielo del cielo.   935
Mira, la quiere, cae,
con ardor de subir.
Por eso no se sabe
de qué profundidad
viene el amor, lejana,   940
si de honduras de cielos
o entrañas de la tierra.
Ya
parece que está aquí,
que es nuestro, entre dos cuerpos,   945
que no se escapará,
guardado entre los besos.
Y su pasar, su rápido
vivir aquí en nosotros,
llega, fuerte, tan hondo,   950
que aunque vuele y se huya
a buscar otros cambios,
a ungir a nuevos seres,
decimos: amor mío.
A su fugacidad,   955
con el alma del alma,
la llamamos lo eterno.
Y un momento de él
—de su tiempo infinito—,
si nos toca en la frente,   960
será la vida nuestra.

No se escribe tu nombre
donde se escribe, con lo que se escribe.
En las aguas escribe
con verde rasgo el árbol.   965
En el aire las máquinas
improvisan nocturnos,
tocan su seca música
de alfabeto romántico.
En los cielos abiertos   970
van trazando los pájaros
códigos de los vuelos.
Tu nombre no se escribe
donde se escribe, con lo que se escribe.

Las estrellas se leen   975
con largas lentes claras
que descifran su tedio
de enigmas alejados.
Las tierras más remotas,
con colores azules,   980
verdes, rosas, entregan
su secreto en los mapas.
Y el pasado se ve
tan escrito en los ojos,
que mirar a alguien bien   985
es elegía o cántico
que brotan del azul,
del verde, de lo negro.
Tu nombre no se lee
donde se lee, con lo que se lee.   990

La aurora borra noches,
el mediodía auroras,
y las tardes le quitan
forma, ser, a los días.
El tiempo borra al tiempo,   995
queda sólo un gran blanco.
Pero tu nombre, ¿quién,
dime, quién va a borrarlo,

si en nada se le lee,
si no lo ha escrito nadie,   1000
como lo digo yo,
como lo voy callando?

Sɪ la voz se sintiera con los ojos,
¡ay, cómo te vería!
Tu voz tiene una luz que me ilumina,   1005
luz del oír.
Al hablar
se encienden los espacios del sonido,
se le quiebra al silencio
la gran oscuridad que es. Tu palabra   1010
tiene visos de albor, de aurora joven,
cada día, al venir a mí de nuevo.
Cuando afirmas,
un gozo cenital, un mediodía,
impera, ya sin arte de los ojos.   1015
Noche no hay si me hablas por la noche.
Ni soledad, aquí solo en mi cuarto,
si tu voz llega, tan sin cuerpo, leve.
Porque tu voz crea su cuerpo. Nacen
en el vacío espacio, innumerables,   1020
las formas delicadas y posibles
del cuerpo de tu voz. Casi se engañan
los labios y los brazos que te buscan.
Y almas de labios, almas de los brazos,
buscan alrededor las, por tu voz   1025
hechas nacer, divinas criaturas,
invento de tu hablar.
Y a la luz del oír, en ese ámbito
que los ojos no ven, todo radiante,
se besan por nosotros   1030
los dos enamorados que no tienen
más día ni más noche
que tu voz estrellada, o que tu sol.

1000. Recuérdese el "Ángel ángel", de *Sobre los ángeles*, de Al-
berti: "... Nunca escribió su sombra / la figura de un hombre".

¡GLORIA a las diferencias
entre tú y yo que llaman   1035
nuestro amor a la alerta,
cara a cara, a probarse!
¡Qué fácil unidad
de los que son iguales!
¡Qué entenderse tan liso,   1040
de arena con la arena,
de agua con agua o luz
y luz!
En lo que nos separa
laten, nos llaman, ávidas,   1045
las victorias futuras,
esperando.
Cuando hallamos lo igual
de ti y de mí, descansa
el amor de su lucha   1050
sobre triunfos floridos
que en el beso se cumplen,
horizontales. Luego,
lo distinto se alza,
nos pone en pie, nos llama   1055
otra vez a vencernos
por las minas oscuras.
Tempestades amantes
igual que las celestes
desembocan en fúlgidas   1060
sorpresas: en más luz,
en la cándida
novedad de lo mismo.
Delicadas, ardientes,
nuestras almas se buscan   1065
por nuestro diferir
como por un camino
donde no hay despedidas.
Y al final, el hallazgo,
el contacto, la nueva   1070
separación vencida,

la unión pura brotando
de lo que desunía.
Y tu cara y mi cara,
mirándose en el triunfo   1075
como en un agua quieta,
no verán diferencias
—uno y uno, tú y yo—;
sólo verán un rostro,
amor, que les sonríe.   1080

CUANDO te digo: "alta",
no pienso en proporciones, en medidas:
incomparablemente te lo digo.
Alta la luz, el aire, el ave;
alta, tú, de otro modo.   1085

En el nombre de "hermosa"
me descubro, al decírtelo,
una palabra extraña entre los labios.
Resplandeciente visión nueva
que estalla, explosión súbita,   1090
haciendo mil pedazos
—de cristal, humo, mármol—
la palabra "hermosura" de los hombres.

Al decirte a ti: "única",
no es porque no haya otras   1095
rosas junto a las rosas,
olivas muchas en el árbol, no.
Es porque te vi sólo
al verte a ti. Porque te veo ahora
mientras no te me quites del amor.   1100
Porque no te veré ya nunca más
el día que te vayas,
tú.

1081.   Véase v. 1729, *La voz a ti debida*, "estás alta, ¡qué arriba!".

¡Cómo me dejas que te piense!
Pensar en ti no lo hago solo, yo.   1105
Pensar en ti es tenerte,
como el desnudo cuerpo ante los besos,
toda ante mí, entregada.
Siento cómo te das a mi memoria,
cómo te rindes al pensar ardiente,   1110
tu gran consentimiento en la distancia.
Y más que consentir, más que entregarte,
me ayudas, vienes hasta mí, me enseñas
recuerdos en escorzo, me haces señas
con las delicias, vivas, del pasado,   1115
invitándome.
Me dices desde allá
que hagamos lo que quiero
—unirnos— al pensarte.
Y entramos por el beso que me abres,   1120
y pensamos en ti, los dos, yo solo.

¿No sientes el cansancio redimido
hoy, al servir de muda y honda prueba
de las vidas gastadas en vivirnos?
No quiero separarme   1125
de esa gran traspresencia de ti en mí:
el cansancio del cuerpo.
Siempre te están abiertos en mi ser
albergues vastos, mínimos,
donde guardarte si te vas: 1130
celdas de la memoria, y sus llanuras.
En el alma te encierro,
como el vuelo del ave
encierra el aire suyo preferido
en una red de ansiosas idas y venidas,   1135
de vuelos
en torno tuyo, en cerco sin prisión,
toda adorada en giros, rodeada.
O prendida te quedas, al marcharte,

como por obra de casualidades,   1140
reclinada en mi vida,
igual que ese cabello rubio que se queda
olvidado en un hombro.
Pero hoy la fervorosa
negación de tu ausencia, tu recuerdo,   1145
va por mi ser entero, por mis venas,
fluye dentro de mí, y es el cansancio.
De pies a frente, sin dolor, circula
tan despacio
que si en él me mirase nos veríamos.   1150
Floto en su tersa lámina,
lento aquietarse en arrobada calma
de las contradicciones que en la noche
buscaron su unidad labio con labio.
Me acuno en el cansancio   1155
y en él me tienes y te tengo en él,
aunque no nos veamos.
Y si al ánimo torpe se le apaga
la llama donde vive aún lo pasado,
luz de memoria,   1160
recuerda el cuerpo fiel,
vela por no olvidar, y es el cansancio
corporal el que salva
lo que el rendido espíritu abandona.
Y la carne se siente   1165
júbilo de asunción al encargarse
hoy, para el ser entero,
de recordar, de la misión del alma,
cuando hasta por las venas
la misma sangre va vuelta en recuerdo.   1170

AHORA te quiero
como el mar quiere a su agua:
desde fuera, por arriba,
haciéndose sin parar
con ella tormentas, fugas,   1175
albergues, descansos, calmas.

¡Qué frenesíes, quererte!
¡Qué entusiasmo de olas altas,
y qué desmayos de espuma
van y vienen! Un tropel   1180
de formas, hechas, deshechas,
galopan desmelenadas.
Pero detrás de sus flancos
está soñándose un sueño
de otra forma más profunda   1185
de querer, que está allá abajo:
de no ser ya movimiento,
de acabar este vaivén,
este ir y venir, de cielos
a abismos, de hallar por fin   1190
la inmóvil flor sin otoño
de un quererse quieto, quieto.
Más allá de ola y espuma
el querer busca su fondo.
Esa hondura donde el mar   1195
hizo la paz con su agua
y están queriéndose ya
sin signo, sin movimiento.
Amor
tan sepultado en su ser,   1200
tan entregado, tan quieto,
que nuestro querer en vida
se sintiese
seguro de no acabar
cuando terminan los besos,   1205
las miradas, las señales.
Tan cierto de no morir
como está
el gran amor de los muertos.

1178 y ss. Aunque este poema está todavía lejos del tono de
El contemplado, estos versos anuncian algo de lo que se leerá después
en ese libro, por ejemplo en "Circo de la alegría": "Tejiendo, des-
tejiendo, permanecen / sobre fúlgida pista, / juegos de raudo amor,
las figurantas / de la ópera divina".

BESO será. Parecen otras cosas.   1210
Parecen tardes vagas, sin destino,
errantes por el tiempo: y nos esperan.
Al borde de los labios, de la vida,
se estremecen palabras, nombres, síes,
buscándose su ser, y no lo encuentran;   1215
retornan al silencio, fracasadas.
No querían hablar, lo que querían
es hablarte, y no estás.
Pero ellas, todo
esto que nada es, esto que vive   1220
en tierna primavera distraída,
espera su cumplirse, cuando llegues.
Todo es labios, los míos o los tuyos,
hoy separados. Lo llamamos hojas,
brisa, tarde de abril, papel, palabras.   1225
Pero si te presentas,
correrán todos, largos frenesíes
impacientes de espera, a reunirse.
Y la nube, la luz y las palabras,
y esta gran soledad   1230
de bocas solas con sus almas solas,
beso será, se encontrarán en beso,
dado por esos labios ardorosos
que se llaman la ausencia, cuando acaba.

MUNDO de lo prometido,   1235
agua.
Todo es posible en el agua.

Apoyado en la baranda,
el mundo que está detrás

1210. Este tipo de frase aparece ya en "Figuraciones", de *Seguro azar:* "Parecen nubes. Veleras...".
1238. "Salinas decía en *Razón de amor* (1936) que 'apoyado en la baranda' el mundo 'en el agua se me aclara': y así se anunciaba en él el comienzo de esa tercera fase de su biografía poética, el comienzo de su entrega al mirar salvador". (Juan Marichal, "Pe-

en el agua se me aclara,   1240
y lo busco
en el agua, con los ojos,
con el alma, por el agua.
La montaña, cuerpo en rosa
desnuda, dura de siglos,   1245
se me enternece en lo verde
líquido, rompe cadenas,
se escapa,
dejando atrás su esqueleto,
ella fluyente, en el agua.   1250
Los troncos rectos del árbol
entregan
su rectitud, ya cansada,
a las curvas tentaciones
de su reflejo en las ondas.   1255
Y a las ramas, en enero
—rebrillos de sol y espuma—,
les nacen hojas de agua.
Porque en el alma del río
no hay inviernos: 1260
de su fondo le florecen
cada mañana, a la orilla,
tiernas primaveras blandas.
Los vastos fondos del tiempo,
de las distancias, se alisan   1265
y se olvidan de su drama:
separar.
Todo se junta y se aplana.
El cielo más alto vive
confundido con la yerba,   1270
como en el amor de Dios.
Y el que tiene amor remoto
mira en el agua, a su alcance,

---

dro Salinas: la voz a la confidencia debida". *Revista de Occidente,*
Mayo, 1965, p. 170). El verso "Apoyado en la baranda" había apa-
recido ya, con alguna variación, en *Fábula y signo,* "Los adioses,
III": "Apoyados / estamos en la baranda / sobre el agua del adiós".

imagen, voz, fabulosas
presencias de lo que ama. 1275
Las órdenes terrenales
su filo embotan en ondas,
se olvidan de que nos mandan;
podemos, libres, querer
lo querido, por el agua. 1280
Oscilan los imposibles,
tan trémulos como cañas
en la orilla, y a la rosa
y a la vida se le pierden
espinas que se clavaban. 1285
De recta que va, de alegre,
el agua hacia su destino,
el terror de lo futuro
en su ejemplo se desarma:
si ella llega, llegaremos, 1290
ella, nosotros, los dos,
al gran término del ansia.
Lo difícil en la tierra,
por la tierra,
triunfa gozoso en el agua. 1295
Y mientras se están negando
—no constante, terrenal—
besos, auroras, mañanas,
aquí, sobre el suelo firme,
el río seguro canta 1300
los imposibles posibles,
de onda en onda, las promesas
de las dichas desatadas.

Todo lo niega la tierra,
pero todo se me da 1305
en el agua, por el agua.

DE noche la distancia
parece sólo oscuridad, tiniebla
que no separa sino por los ojos.

El mundo se ha apagado,   1310
pasajera avería del gozo de mirarse;
pero todo
lo que se quiere cerca
está al alcance del querer, cerquísima,
como está el ser amado cuando está   1315
su respirar, el ritmo de su cuerpo,
al lado nuestro, aunque sin verse.
Se sueña
que en la esperanza del silencio oscuro
nada nos falta, y que a la luz primera   1320
los labios y los ojos y la voz
encontrarán sus términos ansiados:
otra voz, otros ojos, otros labios.

Y amanece el error. La luz separa.
Alargando las manos no se alcanza   1325
el cuerpo de la dicha, que en la noche
tendido se sentía junto al nuestro,
sin prisa por trocarlo en paraíso:
sólo se palpan soledades nuevas,
ofertas de la luz. Y la distancia   1330
es distancia, son leguas, años, cielos;
es la luz, la distancia. Y hay que andarla,
andar pisando luz, horas y horas,
para que nuestro paso, al fin del día,
gane la orilla oscura   1335
en que cesan las pruebas de estar solo.
Donde el querer, en la tiniebla, piensa
que con decir un nombre
una felicidad contestaría.
Y cuando en la honda noche se nos colman   1340
con júbilos, con besos o con muertes,
los anhelos huecos,
que amor y luz abrieron en las almas.

APENAS te has marchado
—o te has muerto—,   1345

pero yo ya te espero.
Todos tus movimientos
pasos, latidos, ansias,
o tu muerte, quietud,
aunque arrastrarte quieran   1350
hacia una soledad
celestial o terrestre
no te saben llevar
de lo que estás queriendo:
te vas, pero te acercas,   1355
pronto, más tarde, luego.
Ahora marchas, lo sé,
a infinita distancia,
pero laten tus pasos
en todas esas vagas   1360
sombras de ruido, tenues,
que en la alta noche estrellan
el azul del silencio:
todas suenan a ecos.
Si es un rumor de ruedas,   1365
es que te traen los trenes,
las alas o las nubes.
Si es un romper de olas,
es que va cabalgándolas
el barco de cristal   1370
en que vuelves. Si hojas
secas, que empuja el viento,
es que vienes despacio,
andando, con un traje
de seda, y que te cruje,   1375
sobre los tersos suelos
de los aires, su cola.
Todo sonido en eco
tuyo me lo convierte
el alma que te espera.   1380
Andas sólo hacia mí,
y tus pasos se sienten
siempre de estar viniendo
por la ausencia, ese largo

rodeo   1385
que das para volver.
Se te vio en tu marchar
el revés: tu venida,
vibrante en el adiós.
Igual que vibra el alba   1390
en el gris, en el rosa,
que pisando los cielos,
con paso de crepúsculo,
al acabar el día
parecen—y son ella,   1395
la que viene, inminente—
una luz que se va.

DAME tu libertad.
No quiero tu fatiga,
no, ni tus hojas secas,   1400
tu sueño, ojos cerrados.
Ven a mí desde ti,
no desde tu cansancio
de ti. Quiero sentirla.
Tu libertad me trae,   1405
igual que un viento universal,
un olor de maderas
remotas de tus muebles,
una bandada de visiones
que tú veías   1410
cuando en el colmo de tu libertad
cerrabas ya los ojos.
¡Qué hermosa tú libre y en pie!
Si tú me das tu libertad me das tus años
blancos, limpios y agudos como dientes,   1415
me das el tiempo en que tú la gozabas.
Quiero sentirla como siente el agua
del puerto, pensativa,
en las quillas inmóviles
el alta mar, la turbulencia sacra.   1420
Sentirla,
vuelo parado,

igual que en sosegado soto
siente la rama
donde el ave se posa   1425
el ardor de volar, la lucha terca
contra las dimensiones en azul.
Descánsala hoy en mí: la gozaré
con un temblor de hoja en que se paran
gotas del cielo al suelo.   1430
La quiero
para soltarla, solamente.
No tengo cárcel para ti en mi ser.
Tu libertad te guarda para mí.
La soltaré otra vez, y por el cielo,   1435
por el mar, por el tiempo,
veré cómo se marcha hacia su sino.
Si su sino soy yo, te está esperando.

NADADORA de noche, nadadora
entre olas y tinieblas.   1440
Brazos blancos hundiéndose, naciendo,
con un ritmo
regido por designios ignorados,
avanzas
contra la doble resistencia sorda   1445
de oscuridad y mar, de mundo oscuro.
Al naufragar el día,
tú, pasajera
de travesías por abril y mayo,
te quisiste salvar, te estás salvando,   1450
de la resignación, no de la muerte.
Se te rompen las olas, desbravadas,
hecho su asombro espuma,
arrepentidas ya de su milicia,
cuando tú las ofreces, como un pacto,   1455
tu fuerte pecho virgen.
Se te rompen
las densas ondas anchas de la noche
contra ese afán de claridad que buscas,

brazada por brazada, y que levanta   1460
un espumar altísimo en el cielo;
espumas de luceros, sí, de estrellas,
que te salpica el rostro
con un tumulto de constelaciones,
de mundos. Desafía   1465
mares de siglos, siglos de tinieblas,
tu inocencia desnuda.
Y el rítmico ejercicio de tu cuerpo
soporta, empuja, salva
mucho más que tu carne. Así tu triunfo   1470
tu fin será, y al cabo, trapasadas
el mar, la noche, las conformidades,
del otro lado ya del mundo negro,
en la playa del día que alborea,
morirás en la aurora que ganaste.   1475

¿Cómo me vas a explicar,
dí, la dicha de esta tarde,
si no sabemos por qué
fue, ni cómo, ni de qué
ha sido,   1480
si es pura dicha de nada?
En nuestros ojos visiones,
visiones y no miradas,
no percibían tamaños,
datos, colores, distancias.   1485
De tan desprendidamente
como estaba yo y me estabas
mirando, más que mirando,
mis miradas te soñaban,
y me soñaban las tuyas.   1490
Palabras sueltas, palabras,

1463. *salpica*, en singular, en vez del plural que correspondería.
Tal vez el sujeto en que está pensando el poeta es "un espumar
altísimo...". (1460).

1483. Subrayemos este verso por si queremos explicarnos el tipo
de imágenes salinianas: "*visiones, visiones y no miradas*".

deleite en incoherencias,
no eran ya signo de cosas,
eran voces puras, voces
de su servir olvidadas.   1495
¡Cómo vagaron sin rumbo,
y sin torpeza, caricias!
Largos goces iniciados,
caricias no terminadas,
como si aún no se supiera   1500
en qué lugar de los cuerpos
el acariciar se acaba,
y anduviéramos buscándolo
en lento encanto, sin ansia.
Las manos, no era tocar   1505
lo que hacían en nosotros,
era descubrir; los tactos,
nuestros cuerpos inventaban,
allí en plena luz, tan claros
como en la plena tiniebla,   1510
en donde sólo ellos pueden
ver los cuerpos
con las ardorosas palmas.
Y de estas nadas se ha ido
fabricando, indestructible,   1515
nuestra dicha, nuestro amor,
nuestra tarde.
Por eso, aunque no fue nada,
sé que esta noche reclinas
lo mismo que una mejilla   1520
sobre ese blancor de plumas
—almohada que ha sido alas—
tu ser, tu memoria, todo,
y que todo te descansa,
sobre una tarde de dos,   1525
que no es nada, nada, nada.

1513.   Recuérdese la descripción de las sensaciones tactiles en
"Don de la materia", *Seguro azar*: "De pronto, como una llama /
sube una alegría altísima / de lo negro: luz del tacto".

¡Pasmo de lo distinto!
¡Ojos azules, nunca
igual a ojos azules!
La luz del día este   1530
no es aquella de ayer,
ni alumbrará mañana.
En infinitos árboles
del mundo, cada hoja
vence al follaje anónimo,   1535
por un imperceptible
modo de no ser otra.
Las olas,
unánimes en playas,
hermanas, se parecen   1540
en el color del pelo,
en el mirar azul,
o gris, sí. Pero todas
tienen letra distinta
cuando cuentan sus breves   1545
amores en la arena.

¡Qué gozo, que no sean
nunca iguales las cosas
que son las mismas! ¡Toda,
toda la vida es única!   1550
Y aunque no las acusen
cristales ni balanzas,
diferencias minúsculas
aseguran a un ala
de mariposa, a un grano   1555
de arena, la alegría
inmensa de ser otras.
Si el vasto tiempo entero
—río oscuro—se escapa,
en las manos nos deja   1560
prendas inmarcesibles
llamadas días, horas
en que fuimos felices.

Por eso los amantes
se prometen los siempres   1565
con almas y con bocas.
Viven de beso en beso
rodando, como el mar
se vive de ola en ola,
sin miedo a repetirse.   1570
Cada abrazo es él, solo;
único, todo beso.
Y el amor al sentirlo
besa, abraza sin término,
buscando   1575
un más detrás de un más,
otro cielo en su cielo.
Suma, se suma, suma,
y así de uno más uno
a uno más uno, va   1580
seguro a no acabarse:
toca
techo de eternidad.

ENTRE el trino del pájaro
y el son grave del agua.   1585
El trino se tenía
en la frágil garganta;
la garganta en un bulto
de plumas, en la rama;
y la rama en el aire,   1590
y el aire, en el cielo, en nada.
El agua iba rompiéndose
entre piedras. Quebrado
su fluir misterioso
en los guijos, clavada   1595
a su lecho, apoyada

1576. Recuérdese todo el poema de *La voz a ti debida* que co-
mienza: "¡Sí, todo con exceso...!" y que termina: "Buscáos bien,
hay más" (V. 702 y ss.).

en la tierra, tocándola
lloraba
de tener que tocarla.
Tú vacilaste: era   1600
la luz de la mañana.
Y yo, entre los dos cantos,
tu elección aguardaba.
¿Qué irías a escoger,
entre el trino del pájaro,   1605
fugitivo capricho
—escaparse, volarse—,
o los destinos fieles,
hacia su mar, del agua?

Tan convencido estoy   1610
de tu gran traspresencia en lo que vivo,
de que la luz, la lluvia, el cielo son
formas en que te esquivas,
vaga interposición entre tú y tú,
que no estoy nunca solo   1615
mientras la luz del día me parece tu alma,
o cuando al encenderse las estrellas
me van diciendo cosas que tú piensas.
Esa gota de lluvia
que cae sobre el papel   1620
es, no mancha morada, florida del azar,
sino vaga y difusa violeta
que tú me envías del abril que vives.

Y cuando los contactos de la noche,
masa de oscuridad, sólida masa,   1625
viento, rumores, llegan y me tocan,
me quedo inmensamente
asombrado de ver

1609. Todo este poema nos recuerda "Las ninfas", de *Confianza*:
"¿Qué ninfa va a elegir, la de la orilla, / o la otra, eterna?".

que el brazo que te tiendo no te estrecha,
de que aún te obstines   1630
en no mostrarte entera
tan cerca como estás, detrás de todo.
Y tengo que creer,
aunque palpitas en lo más cercano
—sólo porque tu cuerpo no se ve—,   1635
en la vaga ficción de estar yo solo.

Si te quiero
no es porque te lo digo:
es porque me lo digo y me lo dicen.
El decírtelo a ti ¡qué poco importa   1640
a esa pura verdad que es en su fondo
quererte! Me lo digo,
y es como un despertar de un no decirlo,
como un nacer desnudo,
el decirlo yo solo, sin designio   1645
de que lo sepa nadie, tú siquiera.
Me lo dicen
el cielo y los papeles tan en blanco,
las músicas casuales que se encuentran
al abrir los secretos de la noche.   1650
Si me miro en espejos
no es mi faz lo que veo, es un querer.
El mundo,
según lo voy atravesando,
que te quiero me dice,   1655
a gritos o en susurros.
Y algunas veces te lo digo a ti,
pero nunca sabrás que ese "te quiero"
sólo signo es, final, y prenda mínima;
ola, mensaje—roto al cabo,   1660
en son, en blanca espuma—
del gran querer callado, mar total.

ELLOS. ¿Los ves, di, los sientes?
Están hechos de nosotros,
nosotros son, pero más.   1665
Al pasar
frente a espejos no los vemos.
Al mirarnos,
en mis ojos, en tus ojos,
ya se los empieza a ver: 1670
ellos
somos nosotros queriéndonos,
queriendo tu más, mi más.
Lo que fuimos, lo que somos,
¡qué empezar torpe, tan solo,   1675
qué tanteo entre tinieblas,
hacia lo que ellos serán!
¿Cómo vamos a querer
vivir más en lo que éramos?
Vivir es vivirse en ellos.   1680
Y aunque entreguemos al mundo
y a los días y a los ojos
esas imágenes viejas,
usadas, de ti y de mí
—lo que somos—,   1685
nosotros vamos, arriba,
hechos ellos, por lo alto,
flotando en el paraíso
de lo que anhelamos ser.

Y hay que hacer todo por ellos.   1690
Fatígate, si te pide
su descanso tu fatiga.
No les rompas su mañana,
que es de cristal de esperar.
No les digas: "no". Tu "no"   1695

1663. En la edición Aguilar, dice: "Lo ves, di, los sientes?". En
apoyo de *Los*, en vez de *Lo*, véase Carlos Feal Deibe, *La poesía
de Pedro Salinas*. Madrid, Gredos, 1965, p. 183: "No descartamos
la posibilidad de una errata". (Nota 61).

te mataría, en su pecho.
¡Que se salven!
Y si el precio es una vida
que se parece a la nuestra,
tú no te equivoques nunca: 1700
la nuestra es la de ellos, ya.

UNA lágrima en mayo.
Día treinta, una lágrima,
llorada si no vista,
es como un largo puente   1705
uniendo dos orillas
que se miraban desde lejos, solas.
Una lágrima en mayo
despierta, allí en sus nidos,
a las aves nocturnas,   1710
todas desconcertadas,
igual que en los eclipses,
por ese velo súbito
en la vida tan clara.
Una lágrima en mayo   1715
parece un gran desorden.
Y en cuanto se ha vertido,
aunque nadie la vea,
le crea al mundo entero
un deber, una deuda.   1720
Tendrán que trabajar
la tierra, sus entrañas,
fabricando diamantes, y los mares
harán conchas más nuevas
que las que antes hacían.   1725
Pondrán todas las flores
sutilezas, esmeros
en florecer. Estío, otoño, invierno

1705. Que las lágrimas son un puente que une a los amantes
separados lo volverá a decir en "Los puentes", de *Volverse sombra*,
publicado en 1957.
1721. *Tendrán* en primera edición. En las demás ediciones, *Tendrá*.

con la nieve y el vino
aumentarán los bienes   1730
juntados para el pago.
Y acumulando plomos, hojas, oro,
con la belleza ahorrada
cada día del año,
vendrá el mundo a pagarte,   1735
alguna vez, en gozo,
a ti que la has llorado
—llorada si no vista—,
la lágrima de mayo.

No canta el mirlo en la rama,   1740
ni salta la espuma en el agua:
lo que salta, lo que canta
es el proyecto en el alma.
Las promesas tienen hoy
rubor de haber prometido   1745
tan poco, de ser tan cortas;
se escapan hacia su más,
todas trémulas de alas.
Perfección casi imposible
de la perfección hallada,   1750
en el beso que se da
se estremece de impaciencia
el beso que se prepara.
El mundo se nos acerca
a pedirnos que le hagamos   1755
felices con nuestra dicha.
Horizontes y paisajes
vienen a vernos, nos miran,
se achican para caberte
en los ojos; las montañas   1760
se truecan en piedrecillas
por si las coge tu mano,
y pierden su vida fría
en la vida de tu palma.
Leyes antiguas del mundo,   1765
ser de roca, ser de agua,

indiferentes
se rompen porque las cosas
quieren vivirse también
en la ley de ser felices,   1770
que en nosotros se proclama
jubilosamente.
Todo querría ser dos
porque somos dos. El mundo
seducido por el canto   1775
del gran proyecto en el alma
se nos ofrece, nos da
rosas, brisas y coral,
innumerables materias
dóciles, esperanzadas   1780
de que con ellas tú y yo
labremos
el gran amor de nosotros.
Coronándonos, la dicha
nos escoge, nos declara   1785
capaces de creación
alegre. El mundo cansado
podría ser—él lo siente—,
si nosotros lo aceptamos
por cuerpo de nuestro amor,   1790
recién nacido otra vez,
primogénito del gozo.
¿Le oyes
que se nos está ofreciendo
en flor, en roca y en aire?   1795
Pero tú y yo resistimos
la tentación de su voz,
la lástima que nos da
su gran cuerpo sin empleo.
Allí se quedan las piedras,   1800
las violetas, ajenas,
tan fáciles de morir,
esperando
otro amor que las redima.
No.   1805

Nuestro proyecto cantante,
empinado, irresistible,
de su embriaguez en el alma,
no se labrará en los mármoles
ni con pétalos o sueños: 1810
se hará carne en nuestra carne.
Le entregamos alma y cuerpo
para que él sea y se viva.
Y sin ayuda del mundo,
de su bronce, de su arena,   1815
tendrá forma en lo que ofrecen
nuestros dos seres unidos:
la pareja suficiente.
Y las dos vidas, viviendo
abrazadas,   1820
serán la dócil materia
eterna, con que se labre
el gran proyecto del alma.

Di, ¿te acuerdas de los sueños,
de cuando estaban allí,   1825
delante?
¡Qué lejos, al parecer,
de los ojos!
Parecían nubes altas,
fantasmas sin asideros,   1830
horizontes sin llegada.
Ahora míralos, conmigo.
Están detrás de nosotros.
Si eran nubes,
vamos por nubes más altas.   1835
Si eran horizontes, lejos,
ahora, para verlos,
hay que volver la cabeza
porque los hemos pasado.
Si eran fantasmas,   1840
siente
en las palmas de tus manos,

en los labios,
la cálida huella aún
del abrazo   1845
en que dejaron de serlo.
Estamos al otro lado
de los sueños que soñamos,
a ese lado que se llama
la vida que se cumplió.   1850
Y ahora,
de tanto haber realizado
nuestro soñar,
nuestro sueño está en dos cuerpos.
Y no hay que mirar los dos,   1855
sin vernos el uno al otro,
a lo lejos, a las nubes,
para encontrar otros nuevos
que nos empujen la vida.
Mirándonos cara a cara,   1860
viéndonos en lo que hicimos,
brota
desde las dichas cumplidas
ayer, la dicha futura
llamándonos. Y otra vez   1865
la vida se siente un sueño
trémulo, recién nacido.

No te guardes nada, gasta,
derrocha alegrías, dichas,
truécalas en aire azul   1870
por que vayan en volandas
por el cielo, hazlas de agua,
llena los cauces del mundo
con su espuma desatada,
entra por almas dormidas,   1875
sacúdelas por las alas,
agita, como trigales,

1871. En todas las ediciones, *por que*, como si el autor enten-
diese: *por el que...*

grandes campos de esperanzas,
rebosa, rebósate
de amar y de ser amada: 1880
porque
ni este día, ni esta noche
se te acabará el amor,
ni la amada se me acaba.
Nos queda mucho. ¿No sientes   1885
inmensas huestes de besos,
de resistencias, bandadas
de porvenir en las manos,
de arrebatos y de calmas?
¿Lo que me queda, invisible,   1890
callado, guardado al fondo
de lo que tocan los ojos,
de lo que las manos palpan?
Y no está bajo la tierra,
mineral sordo, esperando   1895
con alma pura de oro.
Ni es tampoco don ingrávido,
secreto fruto celeste,
suspendido
de alguna rama del aire,   1900
preparándose a tus labios.
No, no está lo que nos queda
ni en las minas, ni en los altos
huertos de estrellas maduras,
no son diamantes ni astros.   1905
No existe, no tiene forma,
aún no sufre los penosos
contornos de lo creado.

Lo que nos queda palpita
en lo mismo que nos damos.   1910
Allí detrás de los besos,
de las miradas, del gozo,
sin forma están y seguros,
gozos, besos y miradas,
esperados, esperando.   1915

Con cada abrazo le nace
un nuevo ser a otro abrazo.
El beso que se termina
otro se pide a sí mismo,
y en su dichoso expirar   1920
le siente ya madurando.
¡Darme, darte, darnos, darse!
No cerrar nunca las manos.
No se agotarán las dichas,
ni los besos, ni los años,   1925
si no las cierras. ¿No sientes
la gran riqueza de dar?
La vida
nos la ganaremos siempre,
entregándome, entregándote.   1930

II

SALVACIÓN POR EL CUERPO

¿No lo oyes? Sobre el mundo,
eternamente errante
de vendaval, a brisas o a suspiro,
bajo el mundo,
tan poderosamente subterránea   1935
que parece temblor, calor de tierra,
sin cesar, en su angustia desolada,
vuela o se arrastra el ansia de ser cuerpo.
Todo quiere ser cuerpo.
Mariposa, montaña,   1940
ensayos son alternativos
de forma corporal, a un mismo anhelo:
cumplirse en la materia,
evadidas por fin del desolado
sino de almas errantes.   1945
Los espacios vacíos, el gran aire,
esperan siempre, por dejar de serlo,

bultos que los ocupen. Horizontes
vigilan avizores, en los mares,
barcos que desalojen   1950
con su gran tonelaje y con su música
alguna parte del vacío inmenso
que el aire es fatalmente;
y las aves
tienen el aire lleno de memorias.   1955
¡Afán, afán de cuerpo!
Querer vivir es anhelar la carne,
donde se vive y por la que se muere.
Se busca oscuramente sin saberlo
un cuerpo, un cuerpo, un cuerpo.   1960

Nuestro primer hallazgo es el nacer.
Si se nace
con los ojos cerrados, y los puños
rabiosamente voluntarios, es
porque siempre se nace de quererlo.   1965
El cuerpo ya está aquí; pero se ignora,
como al olor de rosa se le olvida
la rosa. Le llevamos
al lado nuestro, se le mira
en los espejos, en las sombras.   1970
Solamente costumbre. Un día
la infatigable sed de ser corpóreo
en nosotros irrumpe,
lo mismo que la luz, necesitada
de posarse en materia para verse   1975
por el revés de sí, verse en su sombra.
Y como el cuerpo más cercano
de todos los del mundo es este nuestro,
nos unimos con él, crédulos, fáciles,
ilusionados de que bastará   1980
a nuestro afán de carne. Nuestro cuerpo

1950. Feal quiere que relacionemos este verso con v. 224: "Esos
espacios vacíos que se pueblan de bultos, de barcos, nos recuerdan
otros "buques" (y "ballenas") de un poema de *La voz...*". (*Op. cit.*,
p. 201).

es el cuerpo primero en que vivimos,
y eso se llama juventud a veces.

Sí, es el primero y eran dieciséis
los años de la historia.   1985
Agua fría en la piel,
zumo de mundo inédito en la boca,
locas carreras para nada, y luego,
el cansancio feliz. Tibios presagios
sin rumbo el rostro corren,   1990
disfrazados de ardores sin motivo.
Nos sospechamos nuestros labios, ya.
La primer soledad se siente en ellos.
¡Y qué asombrado es el reconocerse
en estas tentativas de presencia,   1995
nosotros en nosotros, vagabundos
por el cuerpo soltero!
Alegremente fáciles,
se vive así en materia
que nada necesita, si no es ella,   2000
igual que la inicial estrella de la noche,
tan suficientemente solitaria.
Así viven los seres
tiernamente llamados animales:
la gacela   2005
está en bodas recientes con su cuerpo.

Pero luego supimos,
lo supimos tú y yo en el mismo día,
que un cuerpo que se busca
cuando se tiene ya y se está cansado   2010

2000. *Sino* dicen todas las ediciones. Nosotros hemos preferido *si no;* y no creemos que se trate del sustantivo *sino* (= destino), aunque nos tiente tal interpretación.

2004, 2015-2016, 2038. En un estudio de las imágenes de Salinas creemos que habría que tener en cuenta estos versos. Muy lejos están, creemos, de lo que se llama "conceptismo". Nos recuerda a Cernuda, que nunca quiere eliminar el objeto real sustituyéndolo por una metáfora, sino que pone el término real y la metáfora juntos, unidos por *tal, como...* Aquí, en Salinas, la ligazón se hace con: "llamados", "que se llaman...".

de su repetición y de su pulso,
sólo se encuentra en òtro.
¿Con qué buscar los cuerpos?
Con los ojos se buscan, penetrantes,
en la alta madrugada, ese paisaje   2015
del invierno del día, tan nevado;
en el lecho se buscan,
donde estoy solo, donde tú estarás.
La blancura vacía
se puebla de recuerdos no tenidos,   2020
la recorren presagios sonrosados
de aquel rosado bulto que tú eras,
y brota, inmaterial masa de sueño,
tu inventada figura hasta que llegues.
Allí, en la oscura noche,   2025
cuando el silencio lo permite todo
y parece la vida,
el oído en vela escucha
vaga respiración, suspiro en eco,
sospechas del estar un cuerpo al lado.   2030
Porque un cuerpo —lo sabes y lo sé—
sólo está en su pareja.
Ya se encontró: con lentas claridades,
muy despacio.
¡Cómo desembocamos en el nuevo,   2035
cuerpo con cuerpo igual que agua con agua,
corriendo juntos entre orillas
que se llaman los días más felices!
¡Cómo nos encontramos con el nuestro
allí en el otro, por querer huirlo!   2040
Estaba allí esperándose, esperándonos:
un cuerpo es el destino de otro cuerpo.

Y ahora se le conoce, ya, clarísimo.
Después de tantas peregrinaciones,
por temblores, por nubes y por números,   2045

2015. Véase nota a 2004.
2038. Véase nota a 2004.

estaba su verdad definitiva.
Traspasamos los límites antiguos.
La vida salta, al fin, sobre su carne,
por un gran soplo corporal henchidas
las nuevas velas: 2050
atrás se cierra un mar y busca otro.
Encarnación final, y jubiloso
nacer, por fin, en dos, en la unidad
radiante de la vida, dos. Derrota
del solitario aquel nacer primero.   2055
Arribo a nuestra carne trascorpórea,
al cuerpo, ya, del alma.
Y se quedan aquí tras el hallazgo
—milagroso final de besos lentos—,
rendidos nuestros bultos y estrechados,   2060
sólo ya como prendas, como señas
de que a dos seres les sirvió esta carne
—por eso está tan trémula de dicha—
para encontrar, al cabo, al otro lado,
su cuerpo, el del amor, último y cierto.   2065
Ese
que inútilmente esperarán las tumbas.

DESPERTAR

SABEMOS, sí, que hay luz. Está aguardando
detrás de esa ventana

2067. La salvación, para Feal (*Op. cit.*, p. 196-202), es el amor.
Nosotros opinamos de otra manera: véase nuestra Introducción, p.
XXXIX-XLI.
2069. Véase un comentario estilístico a "esa": "¿Qué ventana?
Estamos en el plano de la deixis *ad oculos*, que no tendría sentido
si el poeta hablara con el imaginario lector, pero con quien habla
es con la amada. Con una amada presente, además (o hecha pre-
sente por la imaginación): esta aclaración es necesaria para com-
prender la referencia que hace el demostrativo. La amada, pues, una
vez más, asiste al acto de la creación poética; está inmersa en él".
(Feal. *Op. cit.*, p. 184).
2068 y ss. No podemos resistir la tentación de comparar este
"Despertar" con otro de Jorge Guillén, el del poema "Más allá",
de *Cántico*. Sin querer ser muy rigurosos en la comparación, suge-

con sus trágicas garras diamantinas,   2070
ansiosa
de clavarnos, de hundirnos, evidencias
en la carne, en los ojos, más allá.
La resistimos, obstinadamente,
en la prolongación —cuarto cerrado—   2075
de la felicidad oscura
caliente aún, en los cuerpos, de la noche.
Los besos son de noche, todavía:
y nuestros labios cavan en la aurora,
aún, un espacio el gran besar nocturno.   2080

Sabemos, sí, que hay mundo.
Testigos vagos de él, romper de olas,
los ruidos, píos de aves, gritos rotos,
arañan escalándolo, lloviéndolo,
el gran silencio que nos reservamos,   2085
isla habitada sólo por dos voces.
Del naufragio tristísimo, en el alba,
de aquel callar en donde se abolía
lo que no era nosotros en nosotros,
quedamos sólo,   2090
prendidos a los restos del silencio,
tú y yo, los escapados por milagro.

"Tardar!", grito del alma.
"¡Tardar, tardar!", nos grita el ser entero.
Nuestro anhelo es tardar.   2095
Rechazando la luz, el ruido, el mundo,
semidespiertos, aquí, en la porfiada
penumbra, defendemos,
inmóviles,
trágicamente quietos,   2100

---

rimos las siguientes equivalencias: 2068-2073 corresponden a las es-
trofas 1 y 2 de Guillén; 2081-2083 también a las estrofas 1 y 2;
2093-2102 a la estrofa 5; 2113-2117 a las estrofas 11 y 14; 2122-
2126 a la estrofa 15; 2131-2141 a las estrofas 34-35; y 2147-2153 a
la estrofa 50.

imitando quietudes de alta noche,
nuestro derecho a no nacer aún.
Los dos tendidos, boca arriba,
el techo oscuro es nuestro cielo claro,
mientras no nos lo niegue ella: la luz.   2105

El cuerpo, apenas visto, junto al cuerpo,
detrás del sueño, del amor, desnudos,
fingen
haber sido así siempre
vírgenes de las telas y del suelo,   2110
creen
que no pisaron mundo.
Aquí en nuestra batalla silenciosa
—¡no, no abrir todavía, no, no abrir!—
contra la claridad, está latiendo   2115
el ansia de soñar que no nacimos,
el afán de tardarnos en vivir.

Nuestros cuerpos se ignoran sus pasados;
horizontales, en el lecho, flotan
sobre virginidades y candor: 2120
juego pueril es su abrazar.
Estamos
mientras la luz, el ruido,
no nos corrompan con su gran pecado,
tan inocentemente perezosos,   2125
aquí en la orilla del nacer.
Y lo que ha sido ya, los años,
las memorias llamadas nuestra vida,
alzan vuelos ingrávidos, se van,
parecen sombras, dudas de existencia.   2130
Cuando por fin nazcamos
abierta la ventana —¿quién, tú o yo?—,
contemplaremos asombradamente
a lo que está detrás, incrédulos
de haber llamado nuestra vida a aquello,   2135
nuestro dolor o amor. No.
La vida es la sorpresa en que nos suelta,

como en un mar inmenso,
desnudos, inocentes,
esta noche, gran madre de nosotros: 2140
vamos hacia el nacer.
Nuestro existir de antes
presagio era. ¿No le ves al borde
de su cumplirse, tembloroso, retrasando
desesperadamente, a abrazos,   2145
la fatal caída en él?
Y al despedirnos —¡ya la luz, la luz!—
de lo gozado y lo sufrido atrás,
se nos revela transparentemente
que el vivir hasta ahora ha sido sólo   2150
trémulo presentirse jubiloso
—antes aún de las almas y su séquito—,
pura promesa prenatal.

EL DOLOR

No. Ya sé que le gustan
cuerpos recientes, jóvenes,   2155
que le resisten bien
y no se rinden pronto.
Busca carnes rosadas,
dientes firmes, ardientes
ojos que aún no recuerdan.   2160
Los quiere más. Así
su estrago
no se confundirá
con el quemar del tiempo,
arruinando los rostros   2165
y los torsos derechos.
Su placer es abrir
la arruga en la piel fresca,
romper los puros vidrios
de los ojos intactos   2170
con la lágrima cálida.
Doblar la derechura

de los cuerpos perfectos,
de modo que ya sea
más difícil mirar   2175
al cielo desde ellos.
Sus días sin victoria
son esos en que quiebra
no más que cuerpos viejos,
en donde el tiempo ya   2180
tiene matado mucho.
Su gran triunfo, su júbilo
tiene color de selva:
es la sorpresa, es
tronchar la plena flor,   2185
las voces en la cima
del cántico, los altos
mediodías del alma.·

Yo sé cómo le gustan
los ojos.   2190
Son los que miran lejos
saltando por encima
de su cielo y su suelo,
y que buscan al fondo
tierno del horizonte   2195
esa grieta del mundo
que hacen azul y tierra
al no poder juntarse
como Dios los mandó.
Esa grieta, por donde   2200
caben todas las alas
que nos están batiendo
contra el muro del alma,
encerradas, frenéticas.

Yo sé cómo le gustan   2205
los brazos. Largos, sólidos,
capaces de llevar
sin desmayo,
entre torrentes de años,

amores en lo alto,   2210
sin que nunca se quiebren
los cristales sutiles
de distancia y ensueño
de que está hecha su ausencia.

Yo sé cómo le gustan   2215
las bocas y los labios.
No los vírgenes, no,
de beso: los besados
largamente, hondamente.
Los muertos sin besar   2220
no conocen el filo
de la separación.
El separarse es
dos bocas que se apartan
contra todo su sino   2225
de estar besando siempre.
Y por eso las bocas
que ya besaron son
sus favoritas. Tienen
más vida que quitar: 2230
la vida que confiere
a toda boca el don
de haber sido besada.

Yo sé cómo le gustan
las almas. Y por eso   2235
cuando te tengo aquí
y te miro a los ojos,
y el alma allí te luce,
como un grano de arena
celeste, estrella pura,   2240
con sino de atraer
más que todas las otras,
te cubro con mi vida
y aquí en mi amor te escondo.

Para que no te vea.   2245

DESTINO ALEGRE

POR eso existen manos largas, sólidas,
fuertes nudillos, y la palma, donde
descansan frentes y se esconden sinos.
Por eso existen pechos, y en el pecho
esa tabla del pecho dura y lisa,   2250
proa del ser en el mar y la pena.
Por eso existen ojos,
azules, verdes, grises, zarcos, negros.
Sí. Ojos azules, ojos verdes, ojos grises,
ojos zarcos, ojos negros, ojos, existen,   2255
sí por eso.
Por eso existen
labios y dientes, tan cercanos, juntos
y sin posible confusión, seguros
los dos de lo que quieren: transvivirse   2260
en beso o hueso,
en inmortalidad del incorpóreo
no querer morir nunca que es besarse,
ellos, los labios; y los dientes, ellos,
en la final materia, calavera   2265
donde el labio pudrió y ellos aún luchan.
Por eso existe piel, y si se mira
se ve el gran laberinto donde sufre
por las venas, arriba, abajo, siempre,
la sangre, condenada   2270
a retornar al mismo centro triste,
el corazón, entristecido
de verla allí volver, sin que ella pueda
darse a otro ser como ella y él querrían.
Por eso existen pies, sus plantas,   2275
en donde el ser se finge su dominio
sobre los horizontes;
y las llevamos

2264. Recuérdese el poema de *La voz a ti debida*: "La frente
es más segura", v. 1884 y ss.

del prenatal oscuro paraíso
al servicio sin tregua, doloroso,   2280
de estar en pie. Cuando descansan ellas,
es que nos parecemos a los muertos,
tendidos, al dormir.
Por eso existen pies y manos, labios,
ojos, pechos y sangre, sí, por eso.   2285
Porque si no existieran ellos
¿qué iba a ser de vosotras,
arrebatadas fuerzas, vendavales
del mundo, por las almas,
errantes creadoras, destructoras   2290
errantes,
madres de bien y mal,
malditas y benditas, hierro y pluma,
alba y desolación, duras hermanas,
que no pueden matarse y que se odian,   2295
eternamente unidas:
tú, tú, felicidad, tú, tú, desgracia?

Si no existieran ellos, ellos, ellos,
los labios y los ojos y la sangre,
felicidad, desgracia no tendrían   2300
donde saciar su sed de carne y vida.
Flotantes andarían, vagabundas,
como dos nubes
—tan feroz una y cándida la otra—,
condenadas al cielo,   2305
a no ser nunca rayo, nunca lluvia,
a no sacar de sí flor o ceniza.
Hasta que su alta cólera sin presa
sobre el desnudo mundo se abatiera.
Troncharían los árboles,   2310
abrirían los pechos a las rocas,
soltarían las aguas de los mares,
y el mundo, tan hermoso

2297. Este verso nos recuerda la unidad indisoluble de *Cántico*
y *Clamor* (Guillén).

para aquellos que fueron nuestros padres,
para nosotros, hijos suyos,   2315
para los nuevos seres que engendremos,
el mundo sin oficio, puro, limpio,
tendría que asumir el gran deber
humano: ser feliz, quererlo ser,
o recibir desgracia.   2320
Se rompería —es débil, inocente—.
Porque el mundo no puede resistir
lo que resisten ellos, labios, ojos,
sangre, piel, pecho, alma.
Nosotros le salvamos, en nosotros,   2325
al recibir, con los ojos cerrados,
la gran consagración llamada dicha
o su hermana fatal.
Y una boca que dice:
"Yo soy feliz, yo, yo",   2330
dos seres lado a lado,
por besarse, besándose, besados,
al mismo tiempo todo, o muertos ya,
son los que están, con labios y con ojos,
con pechos, con abrazos,   2335
sosteniendo gozosos
—librando de él al mundo,
que así puede seguir por siempre virgen—,
el sino inexorable
que es la felicidad. O su gran sombra.   2340

VERDAD DE DOS

COMO él vivió de día, sólo un día,
no pudo ver más que la luz.
Se figuraba
que todo era de luz, de sol, de júbilo
seguro, que los pájaros   2345
no pararían nunca de volar y que los síes
que las bocas decían
no tenían revés. La inexorable

declinación del sol hacia su muerte,
el alargarse de las sombras,   2350
juego le parecieron inocente,
nunca presagio, triunfo lento, de lo oscuro.
Y aquel espacio de existir
medido por la luz,
del alba hasta el crepúsculo,   2355
lo tomó por la vida.
Su sonrisa final le dijo al mundo
su confianza en que la vida era
la luz, el día,
la claridad en que existió.   2560
Nunca vio las estrellas, ignorante
de aquellos corazones, tan sin número,
bajo el gran cielo azul que tiembla de ellos

Ella, sí.
Nació al advenimiento de la noche,   2365
de la primer tiniebla clara hija,
y en la noche vivió.
No sufrió los colores
ni el implacable frío de la luz.
Abrigada   2370
en una vasta oscuridad caliente,
su alma no supo nunca
qué era lo oscuro, por vivir en ello.
Virgen murió de concebir las formas
exactas, las distancias, esas desigualdades   2375
entre rectas y curvas, sangre y nieve,
tan imposibles, por fortuna, en esa
absoluta justicia de la noche.
Y ella vio las estrellas que él no vio.

Por eso   2380
tú y yo, compadecidos
de sus felicidades solitarias,
los hemos levantado
de su descanso y su vivir a medias.
Y viven en nosotros, ahora, heridos ya,   2385

él por la sombra y ella por la luz;
y conocen la sangre y las angustias
que el alba abre en la noche y el crepúsculo
en el pecho del día, y el dolor
de no tener la luz que no se tiene   2390
y el gozo de esperar la que vendrá.
Tú, la engañada
de claridad y yo de oscuridades,
cuando andábamos solos,
nos hemos entregado, al entregarnos   2395
error y error, la trágica verdad
llamada mundo, tierra, amor, destino.
Y su rostro fatal se ve del todo
por lo que yo te he dado y tú me diste.
Al nacer nuestro amor se nos nació   2400
su otro lado terrible, necesario,
la luz, la oscuridad.
Vamos hacia él los dos. Nunca más solos.
Mundo, verdad de dos, fruto de dos,
verdad paradisíaca, agraz manzana,   2405
sólo ganada en su sabor total
cuando terminan las virginidades
del día solo y de la noche sola.
Cuando arrojados
en el pecado que es vivir   2410
enamorados de vivir, amándose,
hay que luchar la lucha que les cumple
a los que pierden paraísos claros
o tenebrosos paraísos,
para hallar otro edén donde se cruzan   2415
luces y sombras juntos, y la boca
al encontrar el beso encuentra al fin
esa terrible redondez del mundo.

FIN DEL MUNDO

¿No sientes
qué alarmado está el mundo, su temblor?   2420

2404. En todas las otras ediciones se lee *frutos*.

Tiene miedo.
Sospecha de nosotros. Siente, sabe,
que hay dos seres que quieren
esta noche buscarse su salida,
que han decidido ya   2425
romper el viejo hechizo que se llama
vivir en este mundo, romperle a él.
Nos espía. Sus luces
nos miran a los ojos, preguntando.
Aceleradamente aumenta   2430
sus encantos la noche, moviliza
brisas tiernas, se cubre
las parameras con vergeles súbitos,
dibuja diestramente
arabescos celestes con luceros,   2435
se prostituye de belleza fácil.
Abre caminos, pone en sus finales
embarcaderos alas, se disfraza
tanto y tanto, que seres menos fuertes,
menos seguros de su gran poder   2440
que nosotros, acaso
se dejaran llevar por las tramoyas
sutiles de esta hora
en que este mundo no parece él,
parece casi el que queremos.   2445
Y su alma fría asume
sonrisa pasajera, sirte
donde tantos han muerto de su engaño.
Pero nosotros,
tú y yo, esta noche   2450
tenemos en las manos la explosiva
fuerza liberadora. Esa evidencia
que llaman realidad,
las vastas moles materiales
—casas—, y las órdenes   2455
rectilíneas —calles—,
donde los hombres andan y se duermen
creyéndose que así lo quieren,
que las han hecho ellos

conforme a su deseo,   2460
no nos retendrá más. Aunque alinee
conocidos ejércitos,
hogares, nombres de calles, números,
eléctricos luceros,
sabemos ya muy bien   2465
que no hay otras moradas sino aquellas
que en la sangre encontramos, invisibles,
y que el solo camino
es ese que hay que abrirse
con el alma y las manos,   2470
espadas de aire, frente a pechos de aire.
No cederemos, no. Ya perdonamos
las argucias del mundo muchos años.
¿Te acuerdas? Las llamábamos delicias,
baños en agua clara, color, juegos,   2475
trajes o desnudez, dientes mordiendo,
y, a la noche,
la acostumbrada luz de luna:
y prendidos en ellas sonreíamos
como si fueran criaturas nuestras.   2480
Ahora nos hemos dado la verdad.
Desesperadamente el mundo intenta
todavía esta noche resistirnos,
que vivamos, vivir, como ha vivido.
Pero   2485
en nuestras manos impacientes tiembla
la gran liberación, felicidad,
felicidad hallada allí en el seno
del mundo, donde él
oculta la tenía, temeroso   2490
de su ansia nueva, que no quiere
esas formas cansadas de este mundo

2472. En la afirmación de sus *verdades* descubiertas (complemen-
tarias), Salinas y Guillén se parecen una vez más: "No cederemos",
dice Salinas al final de este libro, y Guillén, al final del suyo
(Cántico): "Heme ante la realidad / Cara a cara. No me escondo,
/ Sigo en mis trece. No cedo / Ni cederé, siempre atónito". ("Cara
a cara").

y le rompe y se busca un orbe nuevo.
Ya la hemos encontrado:
terremoto, huracán, felicidad,   2495
devastación, arrolladora fuerza.
Ven a mis brazos, suelta
esa felicidad desmelenada.
Que cumpla su misión de fuego puro,
de destrucción del mundo, mientras tú   2500
y yo nos abrazamos sin movernos,
si no es lo indispensable para ser
felices. Y mañana
al despertar, la vida
estará rasa, virgen,   2505
rasa la luz, el gran silencio raso.
Con sólo un monosílabo: "sí",
temblar haremos
el tímpano del mundo, voz primera.
Ruinas de historia, nombres y columnas,   2510
ecos del mar antiguo, quedarán
en nuestro día, igual que en las arenas
de la playa perviven
vestigios de un gran barco naufragado.
Sueños del orbe aquel que se creía   2515
eternamente duradero
sin saber que dos seres que lo buscan
y pagan el hallazgo en la moneda,
tan fácil, de la vida, encuentran siempre
el otro mundo que éste nos rehusa.   2520

SUICIDIO HACIA ARRIBA

FLOTANTES, boca arriba,
en alta mar, los dos.
En el gran horizonte solo, nadie,

2497-2501. La fuerza de esta pasión nos hace recordar a Vicente
Aleixandre, *La destrucción o el amor*.

nadie que mire al cielo,
nadie   2525
a quien pueda él mirar,
sino estos cuatro ojos únicos,
cuatro, por donde al mundo
le llega el necesario
don de ser contemplado.   2530
Fuera de los caminos de los barcos,
felices escapados del auxilio,
que sería un error contra nosotros.
Por voluntad allí desnudos. Los dos.
Con esas marcas leves   2535
secretamente conocidas,
cicatriz, señal, mancha rosada, lunar,
misterioso bautizo
de nuestra carne
que sólo el ser amado encuentra, atónito,   2540
siempre en su sitio, en el amor o el odio,
junto al seno,
o entre la cabellera, ocultas.
Y no más nombres ya, no más maneras
de conocernos que esas señas leves,   2545
de la carne en la carne.
Y vagamente otras
marcas también secretas
en el rastro de alma que aún nos queda.
Los nombres se borraron   2550
ante una luz mayor, como luceros
en el borde del alba.

Al aire ya.
Y para no volver bajo los techos
y no ver nunca más las grietas,   2555
terribles, que nos duelen,
al despertarnos juntos,

2530. Todo este poema es un "presagio" de *El contemplado*. Nos hace pensar así no sólo este verso, sino también, entre otros, 2570 ("El contemplado. Tema con *variaciones*") y 2630: "Lo supuesto es la vida y es el mar".

tornando al mundo, y la primera cosa
es una grieta atroz, sin alma, arriba.

Hay que decir, y que lo sepan bien   2560
los que viven aún bajo techado,
donde telas de araña se entretejen
para cazar, para agostar los sueños,
donde hay rincones
en que línea y línea se cortan   2565
y sacrifican en fatales ángulos
su sed de infinitud,
que nosotros estamos
contentos, sí, contentos
del cielo alto, de sus variaciones,   2570
de sus colores que prometen todo
lo que se necesita
para vivir por ello y no tenerlo.

Sin andar, ya,
despedidas las plantas de los pies   2575
del más triste contacto de la vida,
del suelo y sus caminos:
se acabaron los pasos y los bailes.
Viven en la alegría fabulosa
de saber que la tierra ya no vuelve,   2580
que ya no marcharán. Están al aire;
el aire, el sol les dan triunfales signos
de libertad. Se apoyan en el agua,
sin guijarros, sin cuestas, son ya libres.

Sin ver ya nada hecho por el hombre.   2585
Ni las telas sutiles, las sedas,
con que disimulabas tu verdad,
cuando errábamos torpes
por la ilusión sencilla de la vida.
Ni las redondas formas de cristal,   2590
donde se maduraban, por el día,
frutos de luz abiertos al crepúsculo,
colgando de las lámparas.

Ni las cerillas, ni las tiernas máquinas
—relojes—   2595
donde el tiempo, entre ruedas de tormento,
perdía su bravura
y se iba desangrando
minuto por minuto, gota a gota,
contándonos   2600
todas las dimensiones de la cárcel.
Nada. Todo lo que hizo el hombre,
suprimido.
Y ausentes ya las pruebas de otros seres,
sus obras,   2605
sin señas de que nadie exista,
sin la demostración desconsolada
que es tener en las manos
monedas de oro o un retrato,
no hay nada que nos pruebe   2610
que hubo antes otros, que otros todavía
son nuestros padres, nuestros hijos, vínculos.
Podremos ya creernos
los dos primeros, últimos, sin nadie.
Ser los que abren al mundo   2615
su puerta virgen y lo estrenan todo,
y si oyen otra voz, sólo es su eco,
y si ven una huella,
ponen la planta encima y es la suya.
Ir tomando   2620
—porque no hay duda ya de que nosotros
somos los dos llamados—
posesión lenta, al fin, del paraíso.
Hundirse muy despacio,
con la satisfacción clara, en el rostro,   2625
del último color, gris, negro, rosa,
que se queda en lo alto.
El paraíso está debajo
de todo lo supuesto, lo sabemos.
Lo supuesto es la vida y es el mar.   2630
Y por eso desnudos, voluntarios,
lo vamos a buscar,

sumergiéndonos,
suicidas alegres hacia arriba,
en el final acierto   2635
de nuestra creación, que es nuestra muerte.

LA FELICIDAD INMINENTE

MIEDO, temblor en mí, en mi cuerpo;
temblor como de árbol cuando el aire
viene de abajo y entra en él por las raíces,
y no mueve las hojas, ni se le ve.   .   2640
Terror terrible, inmóvil.
Es la felicidad. Está ya cerca.
Pegando el oído al cielo se la oiría
en su gran marcha subceleste, hollando nubes.
Ella, la desmedida, remotísima,   2645
se acerca aceleradamente,
a una velocidad de luz de estrella,
y tarda
todavía en llegar porque procede
de más allá de las constelaciones.   2650
Ella, tan vaga e indecisa antes,
tiene escogido cuerpo, sitio y hora.
Me ha dicho: "Voy." Soy ya su destinada presa.
Suyo me siento antes de su llegada,
como el blanco se siente de la flecha,   ·   2655
apenas deja el arco, por el aire.
No queda el esperarla
indiferentemente, distraído,
con los ojos cerrados y jugando
a adivinar, entre los puntos cardinales,   2660
cuál la prohijará. Siempre se tiene
que esperar a la dicha con los ojos

2662-2663. Si Salinas dijo una vez: "Cerré los ojos", ("Voca-
ción", *Seguro azar*), es muy importante que no olvidemos esto que
dice ahora: "Siempre se tiene / que esperar la dicha con los ojos
/ terriblemente abiertos".

terriblemente abiertos:
insomnio ya sin fin si no llegara.
Por esa puerta por la que entran todos   2665
franqueará su paso lo imposible,
vestida de un ser más que entre en mi cuarto.
En esta luz y no en luces soñadas,
en esta misma luz en donde ahora
se exalta en blanco el hueco de su ausencia,   2670
ha de lucir su forma decisiva.
Dejará de llamarse
felicidad, nombre sin dueño. Apenas
llegue se inclinará sobre mi oído
y me dirá: "Me llamo..."   2675
La llamaré así, siempre, aún no sé cómo,
y nunca más felicidad.

Me estremece
un gran temblor de víspera y de alba,
porque viene derecha, toda, a mí.   2680
Su gran tumulto y desatada prisa
este pecho eligió para romperse en él,
igual que escoge cada mar
su playa o su cantil donde quebrarse.
Soy yo, no hay duda; el peso incalculable   2685
que alas leves transportan y se llama
felicidad, en todos los idiomas
y en el trino del pájaro,
sobre mí caerá todo,
como la luz del día entera cae   2690
sobre los dos primeros ojos que la miran.
Escogido estoy ya para la hazaña
del gran gozo del mundo:
de soportar la dicha, de entregarla
todo lo que ella pide, carne, vida,   2695
muerte, resurrección, rosa, mordisco;
de acostumbrarme a su caricia indómita,
a su rostro tan duro, a sus cabellos
desmelenados,
a la quemante lumbre, beso, abrazo,   2700

entrega destructora de su cuerpo.
Lo fácil en el alma es lo que tiembla
al sentirla venir. Para que llegue
hay que irse separando, uno por uno,
de costumbres, caprichos,   2705
hasta quedarnos
vacantes, sueltos,
al vacar primitivo del ser recién nacidos,
para ella.
Quedarse bien desnudos,   2710
tensas las fuerzas vírgenes
dormidas en el ser, nunca empleadas,
que ella, la dicha, sólo en el anuncio
de su ardiente inminencia galopante,
convoca y pone en pie.   2715

Porque viene a luchar su lucha en mí.
Veo su doble rostro,
su doble ser partido, como el nuestro,
las dos mitades fieras, enfrentadas.
En mi temblor se siente su temblor,   2720
su gran dolor de la unidad que sueña,
imposible unidad, la que buscamos,
ella en mí, en ella yo. Porque la dicha
quiere también su dicha.
Desgarrada en dos, llega con el miedo   2725
de su virginidad inconquistable,
anhelante de verse conquistada.
Me necesita para ser dichosa,
lo mismo que a ella yo.
Lucha entre darse y no, partida alma;   2730
su lidiar
lo sufrimos nosotros al tenerla.
Viene toda de amiga
porque soy necesario a su gran ansia
de ser   2735

2701. Tanta luz, tanto apercibirse para la felicidad, nos hace
recordar a Guillén; y tanta pasión, a Aleixandre.

algo más que la idea de su vida;
como la rosa, vagabunda rosa
necesita posarse en un rosal,
y hacerle así feliz, al florecerse.
Pero a su lado, inseparable doble,   2740
una diosa humillada se retuerce,
toda enemiga de la carne esa
en que viene a buscar mortal apoyo.
Lucha consigo.
Los elegidos para ser felices   2745
somos tan sólo carne
donde la dicha libra su combate.
Quiere quedarse e irse, se desgarra,
por sus heridas nuestra sangre brota,
ella, inmortal, se muere en nuestras vidas,   2750
y somos los cadáveres que deja.
Viva, ser viva, el algo humano quiere,
encarnarse, entregada; pero al fondo
su indomable altivez de diosa pura
en el último don niega la entrega,   2755
si no es por un minuto, fugacísima.
En un minuto sólo, pacto,
se la siente total y dicha nuestra.
Rendida en nuestro cuerpo,
ese diamante lúcido y soltero   2760
que en los ojos le brilla,
rodará rostro abajo, tibio par,
mientras la boca dice: "Tenme."
Y ella, divino ser, logra su dicha
sólo cuando nosotros la logramos   2765
en la tierra, prestándola
los labios que no tiene. Así se calma
un instante su furia. Y ser felices
es el hacernos campo de sus paces.

FIN DE

"RAZÓN DE AMOR"

ÍNDICE ALFABÉTICO DE PRIMEROS VERSOS

Razón de amor
I

II

ÍNDICE DE LÁMINAS

EL EDITOR
J. GONZÁLEZ MUELA

Joaquín González Muela (1915-2002), Doctor en Filosofía y Letras por la Universidad de Madrid, fue profesor en las Universidades de Oregón y Western Reserve y en el Bryn Mawr College entre 1958 y 1959, adonde volvió como profesor en 1964. Fue Guggenheim Fellow entre 1963 y 1964, y recibió honores del American Council of Learned Societies y la American Philosophical Society. En 1983, año de su jubilación, fue galardonado por la Lindback Foundation con el Premio como Distinguished Teaching.

Sus estudios se dirigieron principalmente a la literatura medieval, aunque hizo contribuciones en numerosos estudios literarios e históricos de otro tipo de libros, entre ellos alguno sobre la Guerra Civil y gramáticas de español para extranjeros.

ESTE LIBRO
SE TERMINÓ
DE IMPRIMIR EL DÍA
27 DE DICIEMBRE DE 2016